진리와 의미를 찾아 나서는 그리스도인의 길

지성의 제자도

죠이선교회는 예수님을 첫째로(Jesus First)
이웃을 둘째로(Others Second)
나 자신을 마지막으로(You Third) 둘 때
참 기쁨(JOY)이 있다는 죠이 정신(JOY Spirit)을 토대로
하나님 나라의 확장을 위해 지역 교회와 협력, 보완하는
선교 단체로서 지상 명령을 성취한다는 사명으로 일합니다.

죠이선교회 출판부는 그리스도를 대신한 사신으로
문서를 통한 지상 명령 성취와 하나님 나라 확장을 위해 노력합니다.

Mere Discipleship
by Alister McGrath

Copyright © Alister McGrath 2018
All rights reserved.

This translation of **Mere Discipleship** first published in 2018 is published by arrangement with The Society for Promoting Christian Knowledge, London, England.
License arranged through rMaeng2, Seoul, Republic of Korea.

This Korean Edition Copyright © 2019 by JOY Mission Press, Seoul, Republic of Korea

이 한국어판의 저작권은 알맹2 에이전시를 통하여 SPCK와 독점 계약한 죠이선교회에 있습니다. 신 저작권법에 의하여 한국 내에서 보호받는 저작물이므로 무단 전재와 무단 복제를 금합니다.

죠이북스는 죠이선교회의 임프린트입니다.

진리와 의미를 찾아 나서는
그리스도인의 길

지성의 제자도

알리스터 맥그래스 지음
노진준 옮김

죠이북스

차례

서론 · 6

1부
지성의 제자도_ 다섯 가지 생각

1장 주님은 나의 빛_ 지성의 제자도에 관하여 · 17

2장 믿음_ 신앙생활에서 신조의 위치 · 37

3장 기독교 지성의 습관들_ 신앙 공동체와 개인적 성장 · 57

4장 세상을 보는 또 다른 눈_ 책, 그리고 지성의 제자도 · 73

5장 발코니와 길_ 기독교 제자도를 이해하기 위한 틀 · 91

2부
지혜로 성장하다_ 실천자들

6장 도로시 세이어즈_ 창의적 지성으로 세상을 이해하다 · 107
7장 C. S. 루이스_ 기독교 신앙의 합리성 · 123
8장 존 스토트_ 복음과 문화에서 들음과 관계의 의미 · 141
9장 J. I. 패커_ 신학과 영성 · 157

3부
소망으로 여행하다_ 설교들

10장 진리, 신비와 어둠_ 인간 이해의 한계에 관하여 · 173
11장 명료성과 일관성_ 실재를 바라보는 기독교적 관점 · 185
12장 어둠 가운데 있는 소망 · 197
13장 하나님 나라에 대한 소망 · 203

주 · 208

서론

"우리는 지혜에 굶주린 채 정보에 빠져 허우적거리고 있다."

_에드워드 O. 윌슨[1]

이 짧은 책은 신앙을 피상적으로 이해하는 것을 넘어 그 깊이와 풍성함을 발견하고 신앙에 의해 변화되며 새로워지기를 추구하는 '기독교 제자도'라는 주제를 다룬다. '제자도'는 성경에 나오는 용어가 아니다. 그러나 틀림없는 성경적 주제다. 제자도란 우리가 생각하고 사랑하고 행동하는 것을 포함하여 가능한 모든 영역에서 예수 그리스도를 따르려는 의식적이고 의지적인 결단이다. 또한 단순히 기독교에 관한 정보를 축적하기보다는 지혜를 추구하여 믿음 안에서 자라가는 것이다. 제자도는 복음을 확실하고 신중하며 깊이 있게 이해하는 데 그 뿌리를 두고 있다. 제자도에서 추구하는 지혜는 기독교의 기본 사상에 관한 단순한(그리고 때로 피상적인) 지식을 훨씬 뛰어넘는다. 상당히 긴 시간 동안 기독교 신앙을 개인적으로 깊이 묵상하면서 숙성된 깨달음에서 비롯되는 이 지혜는 사고와 행동에도 영향을 끼친다.

이처럼 기독교적 지혜를 추구하는 것은 '지성의 제자도'(discipleship of the mind), 즉 복음에 근거하여 우리 자신과 세상을 생각하고 이해하는 (습득된) 습관의 핵심이다. 이것은 허상과 오해를 벗겨 버리고 사물을 있는 그대로 직시할 수 있게 해준다. 또한 미국의 철학자 존 듀이(John Dewey)가 "현대인의 삶에서 가장 심각한 문제"라고 부른 것, 즉 우리가 '세상에 관한 생각'을 '가치나 목적'에 관한 생각과 통합하지 못하는 문제를 해결할 수 있도록 도와준다.[2] 우리는 단순히 세상의 것들이 어떻게 돌아가는지가 아니라 그것들이 무엇을 의미하는지 알고 싶은 것이다.

'지성의 제자도'는 갑자기 인생의 모든 질문에 완전한 답을 발견하는 극적이고 선명한 깨달음의 순간처럼 우리의 정신에 즉각적인 영감을 주는 식으로 이뤄지지는 않는다. 그보다는 운동선수가 훈련을 받는 것처럼 지혜 가운데 점차 성장하는 과정을 거친다. 제자도는 우리로 실재(reality. 대체로 '실재'라고 옮겼지만 문맥에 따라 '현실'이라고 번역한 곳도 있다. 이 책에서 저자는 있는 그대로의 실제 모습을 'reality'라고 부른다_ 옮긴이)를 바라보는 기독교적 관점을 흡수하게 하여 동화시킬 뿐 아니라, 그 관점이 우리 마음(mind. 제목에서는 '지성'이라고 번역했지만 이 단어가 지닌 다양한 의미에 따라 ['마음'라는 외래어는 지양하고] 문맥에 맞춰 '마음', '정신', '사고', '지성' 등으로 호환하여 번역하였다_ 옮긴이)에 침투해서 생각과 상상과 행동에 영향을 끼치게 만든다. 다행히도 우리가 이렇게 할 수 있도록 도와줄 수 있는 사람들, 특히 꽤 긴 시간 동안 이에 관해 생각해 온 사람들이 있다. 이 책 두 번째 부분에서 다룰 네 사람처럼 지혜롭다고 여겨지는 여러 작가와 소통하는 것은 도움이 될 것이다.

이전에 집필한 「삶을 위한 신학」(*Mere Theology*, IVP 역간)[3]에서 그랬듯이 이 책에서도 나는 감사하는 마음을 담아 오늘날 가장 중요한 20세기 저자로 널리 인정받는 C. S. 루이스를 계속 언급할 것이다.[4] 나는 두 가지 면에서 루이스에 의존했다. 우선 그의 고전 작품인 「순전한 기독교」(*Mere Christianity*, 홍성사 역간)에서 기독교 정통에 대해 분명하게 제시한 폭넓은 합의적 이해에 동의한다. 그는 구체적인 특정 교파의 주장을 변호하지 않으며 그리스도인들이 일반적으로 동의하는 핵심 사상들을 강조한다. 각 교파의 영적 전통에 따라 더욱 풍성해질 수도 있겠지만, 기독교 제자도는 교파적 울타리를 뛰어넘는다.

둘째로 루이스가 이해한 기독교는 현실에 대한 '큰 그림'(big picture)을 보여 주어 우리 자신과 세상을 새롭게 볼 수 있도록 해준다. 그런 점에서 이 책은 판단 기준으로서 루이스를 자주 인용할 것이다. 루이스는 "신학은 시(詩)인가?"(1945)라는 획기적인 강의의 결론 문장에서 특유의 간결함으로 이 기본 주제를 표현했다. 이 강의에서 루이스는 표면적으로 세 가지를 제시했지만 그 이면에는 다른 많은 것이 전제되어 있다. "나는 태양이 떠오른 것을 믿는 것처럼 기독교를 믿는다. 단순히 내가 그것을 보기 때문이 아니라 태양에 의해 다른 모든 것을 보기 때문이다."[5] 루이스에게 기독교 신앙의 중심에 있는 '큰 그림'은 우리가 눈으로 관찰하는 것 너머와, 그 아래 숨겨진 가치와 의미의 방식을 알아볼 수 있게 해준다. 제자도란 이 그림을 붙드는 것이고, 그 틀 안에서 의미 있게 살아가는 것이다.

   이 책에 수록된 열세 장은 각각 제자도라는 주제의 여러 측면을 언급한다. 어떤 것은 설교한 내용이고, 어떤 것은 비공식 자리에서 한 말들이다. 또 어떤 것은 2010-2017년 사이에 공식적으로 발표한 것들이다. 핵심을 잘 드러내고 일관된 형식을 갖추기 위해 나는 이 강의와 강연들을 축소하고 요약하여 편집했다.

   이 책은 세 부로 나뉘어 있다. 다섯 장으로 구성된 1부에서는 '지성의 제자도'를 소개하고, 내가 기독교 신앙의 "성찰적 거주지"(reflective inhabitation)라고 부르길 좋아하는 일반 주제들을 발전시켰다. 그리스도인이 된다는 것은 지적인 신념(intellectual belief)을 수동적으로 받아들이는 것이 아니라, 그 신념들을 즐거워하고 자신의 생각과 행동에서 그 신념들이 함축하고 있는 의미를 발견해 가는 것이다. 스페인의 철학자 호세 오르테가 이 가세트(José Ortega y Gasset)가 관찰한 대로 우리는 신념에 힘입어 형성된 세상 속에 존재하고 있으며,[6] 그 신념들이 우리의 정신적, 영적 삶을 형성한다. 우리는 "신념 안에서 살며 기동하여 존재한다."[7] 그것들이 실재에 대한 우리의 관점을 만들어 주기 때문이다. 신념은 실제로 중요한 것이 무엇이며, 그것이 우리 삶에 어떤 차이를 가져다 줄 수 있는지와 관련된다.

   루트비히 비트겐슈타인(Ludwig Wittgenstein)도 비슷한 말을 했다. 종교적 신념은 이 세상에 대한 해석을 "열정적으로 받아들여서" 단순히 사고방식이 아닌 삶의 방식이 되게 한다는 것이다.[8] 따라서 좋은 신학은 단순히 바른 생각에 관한 것이 아니라 참되고 의미 있는 삶으로 나아가는 것이다. 그리스도인의 경우에는 믿음의 공동체인

교회에서 이러한 신앙생활을 지지하고 양육한다.[9]

그리스도인은 과거에 깊이 뿌리내리고 있으면서도 현재의 문제들을 기꺼이 다루는 성찰의 공동체 안에 속해 있다. 따라서 우리는 앞서 믿음의 여정을 걸어간 분들에게서, 또한 함께 이 길을 걸어가는 동료들에게서 통찰과 지혜를 얻는다. 1부의 다섯 장은 신조(creed)가 어떻게 믿음의 성숙을 돕는지, 제자도를 권장하는 데 교회의 역할은 무엇인지, 우리의 개인 성장에 책과 조언자의 위치는 무엇인지와 같은 중요한 주제들을 펼쳐 놓고 논한다.

이 책 2부는 최근 '지성의 제자도'의 본이 된다고 말할 수 있는 네 인물, 즉 도로시 세이어스(Dorothy L. Sayers, 1893-1957), C. S. 루이스(Lewis, 1898-1963), 존 스토트(John Stott, 1921-2011), J. I. 패커(Packer, 1926년 출생)를 좀 더 집중하여 살펴본다. 2부 각 장은 공적인 자리에서 강의한 내용을 담고 있다. 이 네 인물은 각자 나름대로 기독교 신앙의 성찰적 거주지를 발전시킨 사람들로, 그들에게는 배울 것이 많다. 하지만 이들은 나와 함께 믿음(faith. 저자는 2장에서 '신앙'[faith]을 '누구를 신뢰하는가'와 관련된 대상의 문제로, '믿음'[belief]을 '내가 무엇을 생각하는가'와 관련된 사상과 내용의 문제로 정의하지만, 옮긴이는 상황과 문맥에 따라 '믿음'과 '신앙'을 호환해서 번역했다. 앞서처럼 'beliefs'를 '신념'으로 번역하기도 했다_옮긴이)의 여정을 걸어간 나그네 된 여러 동료 가운데 일부일 뿐이다. 그밖에도 매릴린 로빈슨(Marilynne Robinson, 미국의 소설가로 2005년에 소설 「길리아드」*Gilead*, 마로니에북스 역간로 퓰리처 상을 수상하였다_편집자)과 같은 다른 많은 사람을 함께 다루고 싶은 마음이 간절했다. 이 네 사람이 강조한 내용 가운데 개인적으로 내게 지혜와 영감을 준 부분들을 강조하고자 한다. 우리가 대체로 특정 저자를 신뢰할 만한 친구로 받아들일 수 있는 것은 모든 점에서 동의할 수 있어서가 아니다. 그들이 사려 깊고, 마음을 끄는 면이 있으며, 유익을 주기 때문이다. 동의하지 못하는 부분이 있다 해도 그들은 우리에게 도움을 주고 새로운 통찰을 갖게 해 줄 수 있다.

마지막으로 3부는 '지성의 제자도'를 다루면서 우리가 어둠 가운데 어떻게 소망을 품고 이 여정을 갈 수 있을지를 집중적으로 다룬 네 편의 설교로 구성되었다. 아주 난해한 단어인 '소망'은 최근 몇 년간 엄청난 관심을 끌고 있다. 이 단어의 의미가 무엇인지, 소망이 인생을 어떻게 변화시키는지에 관해 수십 가지 이론과 정의가 쏟아져 나왔다.[10] 기독교는 이미 이 소망이라는 주제에 매우 익숙하다. 소망은 고난을 어떻게 다루어야 하는지, 어둠 가운데 어떻게 여정을 가야 하는지, 이치에 맞지 않는 일들이 빈번하게 발생하는 이 세상을 어떻게 의미 있게 살아 낼 수 있는지의 문제들을 특유의 방식으로 볼 수 있게 해준다. 기독교 철학자 존 맥머레이(John Macmurray)는 이러한 소망의 관점을 다음과 같이 잘 표현했다.

> '두려워 말고 하나님을 신뢰하라. 그러면 네가 두려워하는 일이 일어나지 않을 것이다'라는 종교 격언이 우리를 현혹하는 것이라면, 반대로 참된 종교 격언은 우리에게 '두려워 말라. 네가 두려워하는 일들이 아마 일어날 것이다. 그러나 그것들은 전혀 두려워할 것이 아니다'라고 말한다.[11]

네 편의 설교 가운데 두 편은 대학에서 전한 것이다. 하나는 2016년 옥스퍼드 대학에서 한 설교이고, 다른 하나는 2015년 케임브리지 대학에서 한 설교이다. 이 설교들은 전통적으로 기독교 신앙을 포괄적으로 성찰한 것으로 보일 수 있는데, 대학에 있는 청중을 자극하고 일깨우려는 의도에서 전한 것이다. 훨씬 짧은 다른 두 편의 설교는 2013년과 2014년에 옥스퍼드에서 전한 것으로, BBC 라디오4를 통해 생중계되었다. BBC에서는 설교를 1,000자 내로만 허락했기 때문에 짧은 설교에 할 수 있는 한 많은 통찰을 담아내는 고충을 겪어야 했다.

우선 이러한 강의와 강연을 할 수 있도록 청해 준 분들에게 감사드린다. 또한 이것들을 출판할 수 있도록 편지로 격려해 준 많은 사람에게 감사드린다. 이 책에서 다루고 있는 주제마다 할 말이 많지만, 신앙생활에서 (C. S. 루이스의 표현처럼) "더 높이 더 깊이"(further up and further in) 자라 가는 유용한 출발점으로 이 책이 사용될 수 있기를 소망한다.

마음과 뜻을 다해 신앙의 풍성함을 탐구하고 이해하는 데 탁월한 신학교인 밴쿠버 리젠트 대학에 이 작은 책을 헌정한다. 나는 이 학교와의 관계와, 헌신되고 유능한 교수진과의 교제를 오랫동안 소중하게 여겨 왔다.

알리스터 맥그래스
옥스퍼드

Mere Discipleship

1부

지성의 제자도_ 다섯 가지 생각

1장 주님은 나의 빛*
_지성의 제자도에 관하여

> "여호와는 나의 빛이요 나의 구원이시니 내가 누구를 두려워하리요."
>
> _시편 27편 1절

시편 27편을 시작하는 이 구절은 우리 모두에게 익숙한 말씀이다. "주님은 나의 빛"(*Dominus illuminatio mea*)을 표어로 삼고 있는 옥스퍼드 대학과 오랜 관계를 맺어 온 나에게는 특히 중요한 말씀이기도 하다. 이번 장에서는 풍성하고도 흥미로운 생각을 다루고자 한다. 바로 기독교 신앙이 사고에 새로운 길을 열어 주며 교회와 학문, 사회 전반에 영향을 줄 가능성이 있다는 것이다.[1] 은혜가 역사하면 복음으로 변화되는데, 나는 그 과정의 한 부분으로 그리스도인의 사고 습관을 의도적으로 신중하게 개발하는 '지성의 제자도'를 권한다.

---

* 이 장은 2010년 런던 신학교에서 한 2010 랭 강연(Laing Lecture)에 기초한 것이다.

기독교 신앙은 '보는'(seeing) 습관을 만들고, 바라볼 방향을 잡아주어 사물과 경험, 세상에 관해 사고하는 법을 바꾸며, 그 안에서 행할 수 있도록 도와준다. 기독교 신앙은 독특한 기독교적 방식으로 우리 자신과 세상을 이해할 수 있도록 해주어서[2] 세상을 인식하는 새로운 길을 제공한다. 그 길에서 우리는 세속 문화와 자연 세계에서 취할 수 있는 사고 습관과는 전적으로 다른 새로운 사고 방식을 얻게 된다. 사물을 제대로 볼 수 있으려면 도움이 필요하다. 사물을 보는 인간의 '자연적인' 관점은 신령한 은혜로 변화되어야 한다. 이번 장에서는 지성의 제자도와 함께 이 시대 문화를 충분히 숙지하고 헌신하는 것을 모두 권하는 방법으로서 기독교 신앙이 현실을 조명하는 새로운 길들을 살펴볼 것이다.

오랫동안 빛은 진리를 설명하는 중요한 유비로 사용되어 왔다.[3] 하나님을 '우리의 빛'이라고 말하는 것은 사물을 보는 인간의 역량과 조명하시는 하나님의 능력 모두를 함축한다. 이 둘은 서로 연관되어 있어서 빛 없이는 볼 수 없을 뿐더러, 얼마나 잘 볼 수 있게 해주는지, 어둠 속에서도 길을 얼마나 잘 찾을 수 있게 해주는지에 따라 빛의 근원의 효율성을 판단하게 된다. 우리 마음이 새로워지고 그 습관이 재형성되는 것은 복음으로 인해 변화되고 갱신될 때 나타나는 한 부분이다(롬 12:2).

기독교 지성의 형성

해리 블레마이어즈(Harry Blamires, 1916-2017)가 독보적인 저서 「기독교 지성」(Christian Mind, 1963)을 출간한 지 벌써 반세기가 지났다.[4] 틀림없이 블레마이어즈는 C. S. 루이스에게 영감을 받은 것이 분명하다. C. S. 루이스는 블레마이어즈가 그 글을 쓰는 동기를 부여받는 데 중요한 영향을 끼친 사람들 중 한 사람이기도 하다. 「기독교 지성」이라는 책은 기독교 지성을 어떻게 회복할 수 있는지에 관한 실용적인 관점을 제시하기 전에 '기독교 지성의 부재'를 다루며 시작한다.

블레마이어즈는 그 당시에 문화를 형성하고 주도하는 책이 대부분 비그리스도인들에 의해 저술되었다는 사실을 주목했다. 그는 지성적인 그리스도인의 삶이 (특히 전문 직종과 학문 영역에서) 혁신되길 촉구했지만, 그후 눈에 띄게 개선되었다고 확신하기는 어려웠다. 나는 기독교가 공공의 논쟁과 토론에서 격리되어 가는 위험에 처해 있다는 사실이 심히 두렵다. 이 두려움은 단순히 현실을 바라보는 기독교적 관점이 실패해서가 아니라, 기독교 지도자와 대표자들에게 아예 비전과 확신이 없다는 사실에서 비롯된다.

오늘날 서구 세계에서 기독교는 기독교 지성이 혁신되길 강력하게 요구받는 상황에 직면하고 있다. '신무신론'(New Atheism, 특히 리처드 도킨스와 크리스토퍼 히친스와 깊이 관련된, 수사적으로 급진적인 운동)이 등장하면서 기독교 신앙의 합리성은 심각하게 도전받고 있다. 이 도전은 만일 (이 '만일'을 더욱 강조하고 싶다) 그리스도인들이 자신의 신념을 충분히 알고 공공 영역에서도 그 핵심 주제를 단언하고 변론하려는 의지를 가지고 있다면 충분히 대응할 수 있는 것들이다.

우리는 지성의 제자도를 발전시켜서 자신이 지닌 신앙의 합리적이고 실존적인 강점들과 그에 상응하는 '신무신론'의 약점들을 인지할 수 있도록 그리스도인들을 도와야 한다. 얼마든지 다른 비판들을

더할 수 있지만, 여기서는 신무신론에 대해 기본적인 세 가지만 비판하고자 한다.[5]

1. 신무신론은 기독교와 거의 관련이 없는 신적 개념들을 비판한다. 즉 진정한 기독교의 사상과 실천을 진지하게 다루기보다는 기독교의 풍자와 흉내를 조롱하는 것이다.
2. 신무신론은 신뢰를 잃기는 했지만 여전히 영향력이 있는 빅토리아 시대의 개념(종교와 과학은 필연적으로 영원히 대치한다는 생각)이 학문 세계에서 더는 심각하게 받아들여지지 않고 있음을 지적하지 않은 채 종교 이야기들을 매우 지나치게 단순화한다.
3. 신무신론은 같은 판단 잣대를 자기들의 신념에는 적용하지 않은 채 종교적인 사람들에게만 그들의 생각을 증명할 것을 요구한다.

'믿음'(faith)은 언제나 '맹신'(blind faith)이 된다는 신무신론의 지속적이고 무비판적인 주장을 볼 때, 셋째 사항은 특히 중요하다. 철학자 버트런드 러셀(Bertrand Russell)은 대중적인 세속주의 저술에서 종종 무신론자로 묘사되지만, 사실 그렇게 분류되기에는 훨씬 심오한 사상가다. 오히려 그는 이전 시대의 데이비드 흄(David Hume)처럼 형이상학적인 질문들에 회의적인 견해를 보였다. 러셀은 신의 존재 여부에 관한 불확실성을 포함하여 그러한 불확실성들을 어떻게 다룰지를 논하는 것이 철학이라고 말한다. "확실성이 없지만 주저함으로 무기력해지지 않고 살아 낼 수 있는 길을 가르치는 것이야말로 우리 시대에 여전히 철학을 공부하는 사람들에게 철학이 해줄 수 있는 가장 중요한 것인지 모른다."[6] 인식론적으로 러셀은 무신론이 옳음을 증명할 수 없다는 것을 아는 불가지론자였다. 그래서 그는 사실상 그러한 태도가 최종 증명이 될 수 없다는 것을 인식하면서 (종교인들이 그 반대를 선택한 것처럼) 무신론자로 살기를 선택한 것이다.[7]

이 모든 것을 종합해 볼 때, 신무신론은 거친 말들을 통해 논쟁의 빈약함에 주목하지 못하게 하려는, 수사적으로 과한 열정의 불가지론이다. 종교적이든 세속적이든 모든 사람은 사실임을 증명할 수 없는 무언가(종종 어떤 것들은 대단히 중요하다)를 믿는다. 그리고 그것이 바로 인간이 직면한 딜레마다.

내가 여기서 말하려는 것은, 신무신론의 세계관에 맞설 수 있는 그럴듯한 반론을 제기하고 싶은 그리스도인이라면 자신이 믿는 바에 확신을 가져야 한다는 것이다. 이 사실이 얼마나 중요한지 알기 위해 우리는 옥스퍼드의 신학자이자 신약학자인 오스틴 파러(Austin Farrer)가 한 말을 상기해 보아야 한다. C. S. 루이스가 세상을 떠난 지 얼마 안 되었을 때, 파러는 루이스가 문화적 변론가로서 얼마나 탁월하고 지속적인 성공을 거두었는지 강조하면서 다음 글을 썼다. 그는 신앙의 합리성을 보여 준 루이스의 능력을 어느 정도 믿고 있었다.

논증이 확신을 만들어 내지는 못하지만, 논증이 부족하면 믿음은 무너진다. 증명한 것으로 보이는 것들이 다 수용되지 않을 수는 있지만, 그것을 증명할 능력이 없다면 곧바로 믿음을 저버리게 되기 때문이다. 합리적인 논증은 믿음을 만들어 내지 못하지만, 믿음이 흥왕할 수 있는 분위기를 유지시킬 수는 있다.[8]

파러가 옳다. 지적이고 문화적으로 신앙을 비판하는 내용에 대응하는 것이 회심과 확신을 가져다주지는 못할 것이다. 그러나 대응하지 않는다면, 신앙이란 사고 능력이나 의지가 없는 사람들이나 갖는 것이라는 인상을 줄 수 있다. 즉 신앙은 증거로 삼을 만한 근거가 없다거나, 신앙이 소멸하는 것은 문화적 과정에서 피할 수 없는 결과라는 등의 인상 말이다. 이러한 비판들에 대해 충분한 지식으로 타당하게 답변하지 못한다면, 기독교 신앙을 덜 비판적인 과학 이전 시대에 속한, 멸종 위기에 처한 산물로 간주하려는 일반적인 서구 문화의 인상만 고착될 것이다.

반지성주의와 복음의 '어리석음'

서구 세계에서 기독교의 모습을 가까이 관찰하고 있는 사람으로 나는 최근 반지성주의의 부상과, 일부 기독교 지도자들의 권유로 많은 교회가 학문에 관심을 잃어가고 있는 것이 심히 우려된다. 몇 년 전, 리처드 도킨스의 『만들어진 신』(*The God Delusion*, 김영사 역간)에 관해 논쟁을 벌이고 있는 복음주의 학생들 모임에 참석한 적이 있는데, 대체로 도킨스의 논증을 심각하게 다룰 필요도, 이에 대한 대안을 제시할 필요도 없다는 분위기였다. 그들의 지도자들이 제안한 문제 해결법은 공식 석상에서 시편 14편 1절("어리석은 자는 그의 마음에 이르기를 하나님이 없다 하는도다")을 지속적이고 열정적으로 인용하는 것이었다. 그들을 무시하려는 의도는 없지만, 나는 이런 자화자찬적인 대응은 전혀 받아들일 수 없다. 그러한 대응은 관점의 부재를 의미하고, 자존심의 부재를 의미하며, 무엇보다 복음을 진지하게 대하여 상황이 요구할 때 대답할 것을 준비하지 못했다는 것을 의미한다(벧전 3:15).[9]

실재를 바라보는 기독교의 풍성한 관점이 지닌 위대한 한 가지 주제는 기독교가 도덕적으로, 이성적으로, 그리고 상상력에 있어서 매력적이고 설득력이 있다는 것이다. 이 비전의 진리를 붙드는 사람은 진리가 주는 즐거움과 경이로움, 흥분, 도전을 철저하게 인지하게 된다. 기독교 지도자들은 기독교적 관점의 영광을 보여 주는 통로이자 매개자, 전달자로 부름 받은 사람이다. 따라서 그들은 이 시대 문화가 이해할 수 있는 말과 이미지를 사용하여 기독교적 관점이 문화에 영향을 끼치게 해야 한다. 지성적 삶을 회복하는 것은 교회의 생존과 건강에 필수인 것이다.

이번 장에서 나는 그리스도인의 신앙생활에서 중요한 부분인 "마음(mind)을 다[해]"(막 12:29-30) 하나님을 사랑해야 할 필요를 재확인하는 데 관심을 두고 있다. 이것은 단순히 복음적 명령일 뿐 아니라 우리의 신앙을 자라게 하며, 기독교 신앙에 질문과 의심과 이의를 품은 교회 밖 사람들과 관계를 이어갈 수 있게 해준다. 우리에게 있는 모든 능력은 복음을 섬기는 자리에 있어야 한다. 바울은 복음이 가져오는 결과로, "마음을 새롭게 함으로 변화를 받아[야]" 한다고 명한다(롬 12:2). 지적으로 새로워지고 다시 방향을 설정하는 과정을 독려하고 기독교 지성을 탐구하는 일은 필연적이다.

어떤 그리스도인들은 바울이 (고린도전서 1장 18절 같은) 다른 구절에서 인간의 지식과 지혜에 반하는 어리석음을 대변하는 것이 기독교라고 주장했다고 강조하면서 마음을 새롭게 하라는 바울의 명령을 거부한다. 그러나 그들의 주장은 한편으로 고린도 교회가 처한 상황에 대해 바울이 지닌 관심을 잘못 읽은 것이고, 다른 한편으로는 '기독교 지성'이라는 개념이 의미하는 바를 잘못 이해한 것이다. 바울은 특혜를 입은 몇몇 사람만이 알 수 있는 비밀스럽고 은밀한 지식으로 구원을 얻을 수 있다는 초기 영지주의의 영향 때문에 고린도에 있는 초대 교회가 위험에 처해 있다고 믿었다. 또한 고린도에 있는 어떤 사람들은 자신의 지적 깊이를 자랑하면서, 문화적 학식의 표지가 부족하다고 여겨지는 것을 무시하고 용납하지 않으려 했다.[10] 바울은 기독교 복음에 그 개념들을 초월할 수 있는 고유의 개념이 필요하다고 주장하며 이를 반박한 것이다. 그 당시에 문화적으로 만연한 지혜와 용납의 개념에 맞서더라도 말이다.

바울은 그리스도인들이 "그리스도의 마음"을 가졌다고 선언한다 (고전 2:16). 이것은 고린도에서 지혜에 접근하던 기존 방식과는 다른 접근 방식이었다. 기독교 지성은 기독교 신앙에 의해 만들어지고 양분을 공급받는 아주 독특한 사고방식이다.[11] 그것은 단순히 신비롭고 은밀한 지식을 추구하는 것도, 학문적으로 자랑하는 것도 아니다. 기독교 지성은 그리스도의 빛이 우리의 지성을 비추게 하는 것이고, 그렇게 해서 하나님의 은혜가 베푸는 새롭게 하는 능력이 우리 영혼뿐 아니라 정신에도 영향을 주게 하는 것이다. 기독교를 이루고 있는 것은 풍성하고 일관된 삼위일체적 신앙 논리이며, 그 논

리는 세속 문화의 얄팍한 합리성에 의문을 제기하고 좀 더 만족스러운 세계관을 제시한다.[12]

복음과 현실 조명

이번 장을 시작한 이미지, 즉 하나님은 인간 존재의 현실과 자연 질서를 조명하시고 그것들이 실제 무엇인지를 드러내시는 빛의 근원이라는 이미지로 다시 돌아가 보자. 이 이미지는 사물을 제대로 볼 수 있도록 해주는 빛의 근원 또는 태양으로 하나님을 이해하도록 해주는 것으로, C. S. 루이스의 많은 글을 통해 익숙해져 있다. 루이스의 대표 선언이라고 할 수 있는 "나는 태양이 떠오른 것을 믿는 것처럼 기독교를 믿는다. 단순히 내가 그것을 보기 때문이 아니라 태양에 의해 다른 모든 것을 보기 때문이다"[13]라는 말에 함축되어 있듯이, 루이스에게 기독교의 하나님은 지적이신 동시에 지성의 근원이시다. 따라서 루이스의 정신세계에서는 기독교 신앙이 제시하는 지적이고 영적인 비전의 명료함이 그 진리를 드러내는 척도가 되는데, 나는 상상력을 자극하고 지적으로 영감을 주는, 그의 획기적인 이 선언을 자주 인용한다.

루이스가 이 강력한 유비를 통해 말하려고 한 것을 우리가 이해하고 있는지 잠시 확인해 보자. 루이스는 관찰 과정에 두 가지 요소가 포함되어 있다고 말한다. 보는 행위와, 사물이 보이도록 조명하는 과정이다. 달빛도 없는 밤에 자연 경치를 보려고 하거나 어두운 지하실에서 길을 찾으려고 할 때, 우리는 모두 인간의 시력에 한계가 있음을 경험한다. 루이스가 말한 첫째 지점은 복음이 세상을 조명하여 자연적인 인간의 한계를 초월하게 해준다는 것이다. 이는 성경을 읽는 독자들에게 익숙한 주제다. "주의 말씀은 내 발에 등이요 내 길에 빛이니이다"(시 119:105). 히포의 아우구스티누스가 언젠가 언급한 적이 있듯이 "마음은 밖에서 오는 빛에 의해 밝아져야 한다. 이는 마음 자체가 진리여서가 아니라 그렇게 해서 진리에 참여할 수 있기 때문이다."[14] 여기서 아우구스티누스의 상상력을 과하게 해석할 필요는 없다. 그가 말하고자 한 것은 단지 모든 진리의 근원이신 하나님께서 인간이 그 진리를 찾을 수 있도록 은혜롭게 도우신다는 것이고, 이 도우심 없이는 우리가 발견할 수 있는 것에 한계가 있다는 것이다.[15]

루이스의 유비에 내포된 둘째 주제는 보려는 인간 행위의 중요성이다. 계몽주의 시대의 일부 철학자들은 보는 것을 단순히 주변에 있는 정보를 흡수하는 수동적 과정으로 본 반면, 오늘날에는 세상에 있는 그림의 요소들을 모아 주는 능동적 과정으로 이해한다. 우리는 우리가 마땅히 보아야 할 것을 보는 법을 배워서 좀 더 효과적으로 보는 훈련을 할 수 있고, 주변에 있는 것들에 좀 더 주의를 기울여서 전에는 보지 못하고 인지하지 못한 것들을 보는 지각의 습관을 개발할 수 있다.

기독교 제자도의 과정에는 우리로 하여금 신앙의 관점에서 사물을 신중하게 보고 그 맛을 느낄 수 있게 하는 신학적 집중도를 개발하는 것이 있다. 미국의 소설가 헨리 밀러(Henry Miller)는 "작은 풀잎 하나일지라도 집중하는 순간 그 자체로 신비롭고 경이로우며 말로 표현할 수 없이 위대한 세계가 된다"[16]는 말로 이 점을 잘 표현했다.

들에 핀 백합화를 생각해 보라는 주님의 명령(마 6:28-29)은 이러한 집중력을 보여 주는 훌륭한 예이며, 제프리 초서(Geoffrey Chaucer)의 〈데이지를 향한 송가〉(*Ode to Daisy*)[17]도 비슷한 예가 될 수 있다. 좀 더 최근 것으로 제라드 맨리 홉킨스(Gerard Manley Hopkins)의 시 〈하나님의 장엄함〉(*God's Grandeur*)도 잘 훈련된 한 그리스도인이 자연 세계를 이해하면서 어떻게 신학적으로 잘 정립되고 영적으로 열매 맺는 데 집중하는지에 대해 좋은 본을 보여 준다.[18]

이러한 '생각하고'(thinking) '보는'(seeing) 방식은 훈련과 개발이 필요한 지성적 습관이다. 이 습관은 성경을 읽는 것과, 예배를 드리기 위해 교회 안에 거하는 것으로 익힐 수 있다. 그 안에서는 지속적으로 기독교의 이야기를 보여 주고 소개하기 때문이다. 하지만 이것은 단지 수동적으로 흡수하는 것을 뜻하지 않는다. 우리는 신앙을 어떻게 더 풍성하게 이해할 수 있을지를 신중하고 의식적으로 질문하면서 능동적으로 이 습관을 개발해야 한다. 나는 이것을 기독교의 설교들 안에서 발견할 수 있기를 소망한다(비록 설교에서 그것을 잘 발견하지 못한다는 두려움을 자주 경험하지만 말이다).

기독교는 세상에 있는 더 깊은 논리를 식별해 내어 세상을 보게 하는 새로운 안경을 제공한다. 이 세상은 복음의 빛으로 조명되며 신앙의 마음으로 해석된다. 이러한 '보는' 과정은 지적인 분석과 가치 판단을 내포한다. 그것은 단지 외워서 배우거나 요구에 따라 생각 없이 반복되는 원리가 아니다. 오히려 기독교 이야기에서 권하고 실현되는 것으로, 성찰을 통해 취득된 방식이자 사고 습관이다.

기독교 신앙은 체험을 뛰어넘는 방식으로 세상을 볼 수 있게 해준다. 또한 관찰할 수 있는 것의 한계를 뛰어넘고, 식별된 의미와 가치를 넘어 더 풍성한 세계로 나아갈 수 있게 해주는 이론적 안경을 제공한다. 따라서 이제 자연 세계는 창조주의 세밀한 손길을 담고 있는 하나님의 창조 세계로 보이게 된다. 우리는 단지 이 세상에서 체험할 수 있는 실재만 보는 것이 아니라 더 심오한 가치와 진정한 의의를 보게 되는 것이다. 가치와 의의는 우리가 주변에서 볼 수 있는 것처럼 체험하여 얻는 개념이 아님이 강조되어야 한다. 우리는 가치와 의의를 분별하고, 그러고 나서 이 세상에서 체험하여 볼 수 있는 것들에 그 가치와 의의를 부여해야 하는 것이다.

'지성의 제자도'와 그리스도의 증인 됨

우리는 삶의 모든 영역에서 지성의 제자도를 실천하도록 부름 받았다. 미술이나 음악 분야에서 하나님을 섬기도록 부름 받았든, 보건이나 국제 관계 분야로 부름 받았든, 학문이나 정계로 부름 받았든, 우리는 주어진 상황에서 그리스도인이 된다는 것이 의미하는 바를 실천해야 한다. 그것은 때로 신앙생활의 핵심이라고 할 수 있는 사랑과 긍휼, 돌봄을 드러내고 구체화하는 것을 의미할 수 있고, 때로는 학문이나 문화, 사회에 깊이 뿌리내린 도전적 사상들과 관련될 수도 있다. 제자도를 실천하지 않아도 되는 영역은 없다. 우리는 증인으로 부름 받았다. 빛을 드러내도록, 이 세상에서 소금이 되도록 부름 받았다. 이 일은 우리가 세상에 존재하는 것으로만, 다시 말하면 우리가 부름 받았다고 여겨지는 실제 상황에 거하는 것으로만 성취할 수 있다.

어떤 그리스도인들은 이 사회가 믿음과 도덕의 순수함을 오염시킨다고 믿고, 사회에서 격리되려고 한다. 하지만 사회 속에 거하지 않거나 사회와 관계를 맺지 않으려는 것은 우리를 그리스도께서 임재하실 통로와 수단으로 사용하시려는 기회를 거부하고 하나님을 부인하는 셈이다. 우리는 세상에 속하지 않았으나 세상에 거하도록 부름 받았다. 다시 말하면 우리는 세속적인 세상에 존재하고 쓰임 받으면서 이 세상의 관념이나 풍조, 사상을 본받지 않도록 부름 받은 것이다. 따라서 기독교가 직면한 도전은 어떻게 세상을 본받지 않으면서 그 세상을 변화시킬지를 숙고하는 것이다. 그리고 우리는 세상에 있으면서 그들의 언어를 배워, 그들에게 "측량할 수 없는 그리스도의 풍성함"(엡 3:8)을 증거하는 것으로만 세상을 변화시킬 수 있다.

이런 일이 일어나려면 우리는 과연 어디에 있어야 하는가? 지리적인 관점이든 사회적인 관점이든, 이 질문에 대한 답은 같다. "**어디에나!**" 그러나 이번 장의 목적에 부합하기 위해 나는 특히 전문적인 학문 세계와의 관계를 강조하고 싶다. 시인, 경제학자, 법률가, 은행원, 철학자…… 누구에게 적용하든 기독교 제자도는 본질적으로 같다. 현실을 바라보는 기독교적 관점을 통해 활력 있고도 박식한 전문적 능력을 추구하는 것, 그것이 제자도의 본질이다. 가장 먼저 물어야 할 질문은 "당신의 믿음이 어떻게 당신을 더 나은 법조인으로 만들 수 있는가"이고, 둘째 질문은 "당신의 믿음이 어떻게 법을 더 낫게 만들 수 있는가"이다. 이처럼 구체적인 전문 영역에서 '그리스도의 마음'은 어떻게 열매를 맺는가?

이제 우리는 특정화가 중요해지는 시점에 이르렀다. 보편적인 원리를 어떻게 정리할 것인가에 못지않게 중요한 것은 그것을 어떻게 실천할 것인가. 이제 나는 "신앙과 전문적인 삶을 어떻게 연결할 것인가"라는 질문을 다루고자 한다. 물론 전문적인 활동의 넓은 영역을 들여다보는 것은 이번 장의 의도가 아니다. 「기독교 지성」에서 해리 블레마이어즈는 지성적인 삶을 어떻게 탐구할 수 있을지를 몇 가지 학문 영역에서 살펴보았다. 이 책에서는 내가 몇 년 동안 몸담고 있던 학문 영역인 자연 과학 연구만 다루는 것을 양해하기 바란다. 그저 우리에게 필요한 사고와 성찰의 한 예로 그 영역을 다루고자 한다. 그렇다면 기독교 신앙은 이 특정 영역에 어떤 통찰과 동기를 제공할 수 있을까?

사례 연구_ 자연 과학

나는 이 시대의 한 과학자로서 품격 있는 수학적 형태로 소개될 수 있는 우주, 합리적으로 투명하고 아름다운 우주를 연구할 수 있다는 특권을 누리고 있다는 사실이 감격스럽다. 자연 과학과 기독교 신학 사이에 가장 중요하게 일치하는 지점이 있다면, 세상은 규칙성(regularity)과 명료성(intelligibility)으로 규정된다는 것이다.[19] 자연 과학은 수학적으로 보여 줄 수 있는 바, 설명이 가능한 규칙을 인식하는 것에 근거한다. 다시 말해 이 세상에는 (그리고 인간의 정신적 본성에는) 본질적으로 식별되고 설명될 수 있는 유형이 존재한다는 것이다.

명료성과 질서에 대한 이러한 인식은 과학적 차원과 종교적 차원 모두에서 더할 수 없이 중요하다. 폴 데이비스(Paul Davies)가 지적한 대로 "우리가 오늘날 답을 찾기 위한 과학적 접근이라고 부르는 것이 르네상스 시대 유럽에서는 신중하게 자연을 연구하여 창조된 세계의 질서를 식별해 낼 수 있도록 하신 합리적인 신에 대한 믿음에 근거한 것이었다."[20] 하지만 자연의 규칙성을 어떻게 설명할 수 있을까? 인간의 능력이 과연 그것을 제대로 설명할 수 있을까? '설명', '규칙성', '명료성'에 대한 개념은 어디서 비롯되는가? 우리에게 자연은 어떻게 이해 가능한 대상이 되는가? 세상을 이해하는 인간의 역량은 단순히 진화론적 필연, 심지어는 진화론적 과정에서 우연히 얻은 산물이라고 설명하기에는 훨씬 탁월하다. 앨버트 아인슈타인이 관찰한 대로, "우주에 관해 가장 이해하기 어려운 점은 그것을 이해할 수 있다는 것이다."[21] 과학은 우주의 명료성에 질문을 제기할 수 있지만, 과학으로는 답을 찾을 수 없다고 한 아인슈타인의 말은 옳다.

물리학자이자 나중에 신학자가 된 존 폴킹혼(John Polkinghorne)도 "우리 마음과 우주 사이의 일치, 내적으로 경험하는 합리성과 외적으로 관찰되는 합리성의 일치"가 지닌 중요성을 강조한 사람들 중 하나다.[22] 그는 자연주의적 형이상학은 우주의 명료성에 빛을 줄 수 없다고 했다. 하지만 유신론적 형이상학은 우리의 마음에서 경험하는 합리성과 우리가 관찰할 수 있는 주변 세계의 합리적 구조 모두 근원이 동일하다고 주장한다. 이 둘 모두 하나님의 합리성에 근거한다. 다시 말하면 기독교는 단지 운 좋은 우연이나, (다행스럽게도) 설명할 수 없는 우주적 우발로밖에는 이해되지 않는 우리의 세계를 다르게 이해하고 볼 수 있게 해주는 지적인 틀(framework)을 제공한다.

어떤 사람들은 인류적 현상(anthropic phenomena)에 대한 관심이 고

조되는 것을 지적하면서 이러한 것들이 기독교적 사고방식과 일치함을 제시하기도 한다.[23] 상당히 큰 논란을 일으킬 수 있는 단어인 '미세조정'(fine-tuning)은 우주가 탄생될 때부터 지구상에는 지적인 생명을 만들어 내기에 적합한 자질들이 있었다는 생각을 표현하는 용어로 알려져 있는데, 존재에 함축된 것들에 관해 많은 생각을 하게 해준다.[24] 아주 오래된 대학인 애버딘에서 2009년 기포드 강연(Gifford Lecture) 때 지적한 대로 이러한 토론들은 실재를 바라보는 기독교적 관점을 강하게 반영한다.[25] 물론 아무것도 증명하지 못하고 다른 설명들도 충분히 가능하겠지만, 거기에 지적 공명이 있음을 무시하기는 힘들다. 기독교의 정신적 지도(mental map)는 자연 세계의 이러한 측면을 이해할 수 있게 해주며, 이는 과학이라는 영역 전반에 걸쳐 가능하다. 기독교의 정신적 지도는 단지 그럴듯하게 들리는 논증을 제공할 뿐만 아니라 그 안에서 전문적으로 활동할 수 있는 중요한 틀도 우리에게 제공하기 때문이다. 이 말이 무슨 의미인지 좀 더 설명하고자 한다.

과학은 인간이 실행하는 활동이다. 그렇다면 인간의 본성을 어떻게 이해해야 이 과학이라는 영역을 뒷받침해 주고 그 결과를 전달해 주는 근간이 될까? 계몽주의 시대에는 인간성을 철저하게 낙관적으로 보았다. 우리는 좋은 사람이고 좋은 것을 원한다는 것이다. 따라서 과학은 더 나은 세상을 만들 수 있게 해준다고 여겼다. 하지만 최근에는 이렇게 단순하고 순진한 관점으로 인간성을 이해하는 사람이 그리 많지 않다. 20세기에 일어난 전쟁들이 그러한 순진함에 종지부를 찍었기 때문이다. 특히 대량 학살을 위한 무기 개발에 과학이 널리 활용되었다는 사실은 이런 현상을 더욱 부추겼다.

아마도 특히 20세기 역사는 '인간은 본래 선하다'는 전제와 관련된 거대 담론이 세속적으로 나아가는 데 극복해야 할 가장 큰 장애물일 것이다. 제1차 세계 대전, 대공황, 제2차 세계 대전은 이러한 담론의 긍정적인 면에 불편한 질문을 던지게 만들었다. 우리는 종교가 없다면, 아니 적어도 (이것은 매우 어려운 일이지만) 종교를 중성화시킨다면, 전쟁은 눈에 띄게 줄어들 것이라는 말을 듣기 시작했다. 종교는 지구촌 곳곳에서 마찰을 일으키는 중요한 원인이기 때문이다. 그러나 학자들이 이해한 바에 따르면 제1차 세계 대전(약 1,600만 명이 죽었다)과 제2차 세계 대전(약 6,000만 명이 죽었다)에는 심각한 종교적 동기가 없었다.

문화 비평가인 테리 이글턴(Terry Eagleton)은 "인류가 어떤 제한도 받지 않고 진보하는 것"을 꿈꾼 계몽주의를 "눈이 맑고 순진한 미신", 철저한 증거 기반이 없는 동화라고 조롱한 바 있다. "경건한 신화, 신뢰할 만한 미신이라고 할 만한 것이 있다면, 얼마 지나지 않아 더 나은 세상에 도달하리라는 자유주의-이성주의자의 신념이 바로 그것이다."[26] 과학은 이러한 이성주의의 신화로 엮어져 있었다. 이제 역사를 이처럼 단순하게 이해하는 관점에 도전장을 던져야 할 때다. 이 허구 이야기가 비록 위로를 주기는 하지만 이것이 세속적 서구 세계의 사고방식에 깊이 뿌리내리고 있다면, 이제 우리는 개인과 사회에 관한 이 허구 이야기에 의문을 가져야 한다.

신무신론과 관련된 리처드 도킨스와 다른 여러 저자는 그들의 계몽된 무신론이 철저하게 입증된 사실에 근거하여 진술되는 것과 달리, 신을 믿는 자들은 '증거가 부족한 신념'을 붙들고 있다고 비난한다. 그러나 인류 발전에 대한 그들의 신념이 오히려 더 증거가 부족하고 허술하지 않은가? 이글턴은 그 신화가 바로 '맹목적 믿음'의 명쾌한 예이자 거짓 모방을 입증하는 것이라며 그들의 주장을 일축한다.[27] 히로시마나 아우슈비츠, 인종 차별 정책과 같은 인간이 만든 재앙마저도 역사가 꾸준히 더 좋게 발전하는 것을 방해하거나 불신하게 만들지 못하는 몇 번의 '실수' 정도로만 여기는 세속적 신화에 어느 이성적 영혼이 참여하겠는가라고 이글턴은 반문한다.

여기서 나의 관심은 네이팜이나 핵무기에 관한 윤리를 논하는 것이 아니다. 인류 역사나 자연 과학과 같은 전문 영역을 이상화(idealization)하지 않는 비판적 관점이 필요하다는 것을 강조하려는 것이다. 정치, 기업, 과학, 경제의 세계에 엄연하게 존재하는 실수와 약점을 이해하고 뭔가 해야 한다고 생각한다면, 인간 본성을 실제적으로 바라보는 관점이 반드시 필요하다.

결론

이번 장에서는 내가 잘 아는 영역인 자연 과학에 집중했다. 그러나 내가 여기서 간단하게 정리한 제자도의 접근 방식은 다른 전문적 상황과 학문적 훈련에도 적용될 수 있다. 우리는 신학적 지식과 전문적 실력으로 이 두 영역을 연결해 줄 수 있는 사람들이 필요하다. 이제 전문적 실력은 전문인들의 관심을 끌 수 있는 선제 조건이다. 삶의 중요한 영역에서 기독교를 진지하게 받아들이도록 만들려면, 전문적 탁월함과 함께 개인적 헌신의 본이 될 만한 유능하고 헌신적인 사람들이 필요하다. 그들은 그것이 안수받은 목회와 다르지만 그에 못지않게 중요한 **소명**(vocation)으로의 부르심이라는 것을 알아야 한다.

이것이 왜 중요한가? 이번 장을 마치면서 두 가지만 언급하고자 한다. 첫째는 더 말하지 않아도 될 만큼 분명한 것이다. 바로 우리에게는 전문적이고 학문적인 영역에서 빛과 소금이 될 유능한 그리스도인들이 필요하다는 것이다. 어떤 문화 영역에서도 그리스도인의 존재가 제외되어서는 안 된다. 어떤 이들은 자신의 세속화 임무를 수행하기 위해서, 또 어떤 이들은 기독교를 제외한 모든 문화적 견해를 수용한다는 왜곡된 '다문화주의'(multiculturalism) 해석을 추구하기 위해서, 그리스도인의 목소리를 제외시키려 한다. 우리는 이러한 접근들에 강력히 도전해야 한다. 하지만 나는 '부르심의 신학'을 무엇보다 소중하게 여기고 그리스도인들로 하여금 전문 영역에 들어가 그곳에서 사역하게 하는 데 교회가 실패했다는 사실이 심히 우려스럽다.

둘째는 이미 언급한 대로 상당히 반종교적인 어조를 지닌 관념적 사상들이 우리 삶에서 전문적이고 학문적인 많은 영역을 형성하고 있다는 것이다. 한 예로 많은 사회학 이론가들이 반론의 과정을 거치지 않은 채 무신론에 담론적 특권을 부여한 사실에 주목해 볼 수 있다. 당황스럽기까지 한 이러한 현상을 분명하게 설명해 주는 것은 무신론이 다른 모든 신념을 판단할 수 있는 '합리적 초기 설정'으로 자신을 소개하는 데 성공했다는 것이다. 무신론은 가치 중립적이기 때문에 신앙적 헌신에 왜곡된 영향을 끼치지 않으면서 모든 종교적 신념과 행동을 조사하고 평가할 수 있는 중립적 기준점을 제공한다고 주장한다.[28] 그것은 사실이 아니다. 하지만 그리스도인들이 이를 반박하고 상황을 좀 더 바르게 읽을 수 있는 길을 제시하지 못한다면, 그들의 주장은 어렵지 않게 이 시대의 지혜로 통용될 것이다.

나는 세상과 우리 자신을 보는 길을 새롭게 함으로 성찰적이고 지적으로 행동하게 해주는 습득된 사고 습관이자 정신적 훈련으로서 '그리스도의 마음'에 대한 비전을 제시했다. 또한 우리 시대의 문화에 관심을 가지고 의미 있게 소통할 수 있도록 하는 지적 수용력과 기독교 신앙의 탄력성을 강조했다. 그리고 동시에 하나님은 자신의 백성을 전문적이고 학문적인 영역을 포함한 모든 영역으로 부르시고 훈련시키신다는 '부르심의 신학'을 정립하는 데 교회가 실패한 것에 우려를 표했다.

신무신론은 교회에 경종을 울려 주었다. 우리는 지성적 삶에 가치를 부여하고 변증과 전도의 중요성을 인식하는 새로운 세대의 탁월한 지성인들이 필요하다. 물론 현실을 바라보는 새로운 관점보다는 복음이 우선한다. 그러나 바로 이 복음의 관점이 신실하고 능력 있게 선포될 수 있어야 한다. 기독교를 일리 있고 신뢰할 만한 것으로 만들어야 한다는 것이 아니다. 이미 기독교 자체의 논리 안에는 그러한 속성들이 깊이 뿌리내려 있기 때문이다. 우리의 임무는 우리 신앙의 지적인 깊이와 즐거움을 인지하고 발견해서 우리 문화 전반에 선포하고 소개하는 것이다. 그것은 우리가 지혜 가운데 자라 감을 목표로 하는 신앙 여정에 도움을 줄 것이다. 하지만 더 중요한 것은 그것이 구원의 빛이신 하나님을 우리 주변에 증거하는 자질과 능력을 더욱 성숙하게 해준다는 것이다.

2장 믿음
_신앙생활에서 신조의 위치*

이번 장에서는 신앙생활에서 신조의 위치를 숙고해 볼 것이다. 이 훌륭한 주제는 믿음에 관한 요약들이 기독교 제자도의 문제에 어떻게 도움이 될 수 있는지를 보여 준다.[1] 이 주제는 고전이라고 할 수 있는 「신조 강해」(*Exposition of Creed*, 1659)의 저자이자 1673-1686년에 체스터의 감독이던 존 피어슨(John Pearson)을 포함한 많은 사람이 이미 예전에 다룬 것이다. 피어슨은 종교 개혁 시대에 체계적으로 잘 교육받은 사람으로 케임브리지 대학의 레이디 마가렛 교수였고, 케임브리지 트리니티 칼리지의 학장이자 체스터의 감독이었다. 그는 찰스 2세의 담당 목사로 사역했으며 1667년에는 왕립학회 회원으로 선출되기도 했다. 그의 「신조 강해」는 신학적으로 혼란스러운 시기를 진정시키고 17세기 말 18세기 초 영국에서 종교적 합의를 끌어

---

* 이 장은 2011년 5월 체스터 대성당의 체스터 신학회에서 한 강연에 기초한 것이다.

내는 데 도움을 준 전형적인 영국 성공회 신학의 모델로 인용되기도 했다. 훌륭한 수필 작가인 사무엘 존슨(Samuel Johnson, 1709-1784)은 피어슨의 저서를 높이 평가하면서 설득력 있고 포용력 있는 정통의 모델이라고 극찬한 바 있다.

하지만 여기서 나의 관심은 피어슨의 「신조 강해」 자체가 아닙니다. 그보다는 그리스도인의 삶에서, 특히 지성의 제자도에서 신조의 위치를 논하는 출발점으로 이 책을 사용하려 한다. 피어슨이 바르게 직시한 대로 신조의 목적은 다음과 같은 유익을 제공하는 데 있다.

1. 개인의 사적인 깨달음이 아닌 공적이고 검증된 믿음의 선언. 신조는 개인의 신앙이 아닌 교회가 공유하는 신앙을 보여 준다.
2. 외적인 세계와 내적인 삶을 이해시키는 틀. 피어슨은 믿음의 외적인 면에 초점을 맞춘 반면, 18세기 초 웨슬리의 부흥 운동은 사람들로 하여금 내적인 면을 개발하도록 도와주었다.
3. 구체적이고 심도 있는 탐구를 대신하는 대안이 아닌 믿음의 주요 주제를 다루는 안내서. 체스터를 잠시 들르는 사람을 위한 「론리 플래닛 영국」(*Lonely Planet Great Britain*) 안내서가 장기간 머물고 싶어 하는 사람에게 대안이 되지 않는 것처럼.

이제 본격적인 이야기를 시작해 보자. 1930년, 대중적인 인기를 끈 작가 에블린 워(Evelyn Waugh, 1903-1966. 그의 소설 「타락한 사람들」*Vile Bodies*은 그해 초에 '탁월한 초현대적 소설'이라는 극찬을 받은 바 있다)는 가톨릭에 입문했다고 선언하여 문학계에 폭탄을 터뜨렸다. 매우 뜻밖이면서 중요했기 때문에 영국 대표 신문인 〈데일리 익스프레스〉(*Daily Express*) 일면에 대서특필되었다. 〈데일리 익스프레스〉 편집인은 '초현대의 대표 거장'으로 가장 잘 알려진 작가가 어떻게 기독교 신앙을 가질 수 있는지 의아해했다. 몇 주 동안 그 신문의 사설에는 사람들을 당황스럽게 만든 이 사건에 대한 논평과 언급이 넘쳐 났다.

1949년, 워는 자신의 친구 에드워드 새크빌-웨스트(Edward Sackville-West)에게 쓴 편지에 실재와 관련된 새로운 길을 발견하면서 얻은 즐거움에 관하여 이렇게 썼다. "회심은 모든 것이 우스꽝스러워 보이는 캐리커처처럼 거꾸로 된 세상의 굴뚝에서 빠져나와 하나님이 만드신 실제 세계로 건너가서 이를 무한정 탐험하는 기분 좋은 과정을 새롭게 시작하는 것과 같다네."[2] 여기서 워가 지적하고 있는 두 가지는 내가 다루려고 하는 주제와 상당히 관련이 깊다. 우선 믿음은 왜곡을 제거한다는 것이다. 믿음은 사물을 있는 그대로 볼 수 있게 해 준다. 신약 성경은 가리고 있던 베일을 거두는 것과 같은 다양한 이미지를 사용하여 우리 자신과 세상, 그리고 하나님을 보는 방법의 변화를 묘사한다. 둘째로 워는 "[기독교 세계를] 무한정 탐험하는 기분 좋은 과정"이라고 언급했다. 신조는 이러한 광대한 풍경의 스냅 사진을 제공해 줄 수 있지만, 그 안에 살면서 직접 더 많은 것을 배우는 것을 대신하지는 못한다. 우리는 알프스 산이나 아프리카의 열대 초원, 남태평양의 산호섬이 담긴 사진들을 감동에 차서 바라볼 수 있지만, 어떤 사진도 자연 세계의 환상적인 모습을 다 담아 내지는 못한다. 우리는 그것들을 직접 경험하고 탐구해야 한다. 최고의 신학은 기독교 신앙 안에 지성적으로 머무는 것을 확장시키는 데서 비롯된다.

신조는 믿음이라는 풍경(landscape of faith)으로 인도해 주는 안내서로, 지도에 기독교 신앙이라는 영역을 그려 넣고 발견과 탐구를 위한 의제를 세워 준다. 그렇다면 어떤 종류의 탐구를 말하는 것인가? 미국의 소설가 헨리 밀러는 한 사람의 종착점은 장소가 아닌 사물을 보는 새로운 길이라고 말했다.[3] 기독교 신앙이란 인생의 여정을 걸어가는 동안 우리가 사는 세상과 우리 삶에 초점을 맞추어 새롭고 더 선명하게 볼 수 있도록 해주는 렌즈와 같다. 심지어 여정 자체를 새롭게 볼 수 있도록 해주어서 목적 없는 방황이 아니라 목표를 향한 과정으로 여정을 생각하게 하는 것이다.

따라서 기독교는 적어도 부분적으로 그 세계가 얼마나 위안을 주든지 간에 스스로 만든 허상의 세계에 갇히기보다는 창의적인 시각으로 변화되어 세상을 있는 그대로 볼 수 있도록 해준다. 신조는 사물을 익숙한 대로 보게 할 뿐 아니라 새로운 빛에 비추어 그것들의 진정한 가치와 중요성을 인식하게 하는 의미의 틀을 제공해 준다.

* * *

이것은 대단히 중요하긴 하지만 동시에 추상적이기 때문에 제대로 이해하려면 설명이 필요하다. 그래서 나는 최근 기쁘게 방문한 영국 남부 지역 도싯에 있는 캔포드 학교에서 신비로운 조각 돌 판이 발견된 실화를 들려주려고 한다. 이 학교는 오래된 캔포드 저택을 교육 목적으로 사들여 재건축한 것이다. 그 저택은 원래 빅토리아 시대의 유명한 고고학자 헨리 레이어드 경(Henry Layard, 1818-1894)의 친

척이 소유한 것이었다. 레이어드는 일생 대부분을 메소포타미아에 있는 고대 장소들을 발굴하며 보냈다. 그는 특히 1845년 아시리아(앗수르)의 도시 니느웨를 발견한 공적을 세운 인물이기도 하다. 레이어드는 아시리아의 많은 유물을 영국으로 가져왔는데 거의 이 캔포드 저택에 보관되어 있었다. 제1차 세계 대전 이후, 유물은 대부분 런던 대영 박물관이나 뉴욕 메트로폴리탄 박물관으로 옮겨졌다.

1992년, 레이어드에 관한 책을 연구하던 콜롬비아 대학의 미술사 교수 존 러셀(John M. Russell)이 캔포드 학교를 방문했다.[4] 학교를 둘러보던 그는 교내 매점에서 조각된 돌 판 하나를 주목하여 보게 되었다. 다른 사람들과 마찬가지로 그는 그 돌 판을 단순히 고대 아시리아 돌 판의 모형 정도로만 여겼다. 그 돌 판은 흰색 유화 도료로 덧칠해져 있었다. 대영 박물관을 방문한 뒤에야 그는 그것이 아시리아 왕 아슈르나시르팔 2세(Ashurnasirpal II, 주전 883-859)의 왕실에 있던 3,000년 된 돌 판으로, 레이어드가 영국으로 가져온 것임을 알게 되었다. 그 돌 판은 1994년 6월 런던에서 열린 경매에서 1,180만 달러에 팔렸다.

도대체 무슨 일이 일어난 것인가? 그만한 가치가 생기게끔 돌 판이 변한 것인가? 아니다! 러셀은 그 돌 판이 진짜 무엇인지를 발견했을 뿐이다. 중요한 점은 돌 판을 새로운 눈으로 보게 되었다는 것이다. 러셀은 철학자 아이리스 머독(Iris Murdoch, 1919-1999)이 "주의 깊게 바라봄"(attentiveness, 그저 보이는 대로 보지 않고 실제로 무엇인가를 관찰하려는, 세밀하고 원칙이며 헌신된 시도)이라고 부른 것을 잘 보여 주고 있다. 러셀이 진정한 중요성과 가치를 발견한 것처럼 새로운 빛으로 보는 것이다. 신조는 우리 자신과 세상을 제대로 바라보아 의미 있게 살고 행동할 수 있도록 해주는 방법, 즉 우리 자신과 세상을 해석하는 틀을 제공해 준다.

***

이제 다시 돌아가 신조를 신앙의 지도로 생각해 보자. 이 생각은 종교적 신념을 "좌표계에 자신을 열정적으로 헌신하는 것"[5]이라고 한 루드비히 비트겐슈타인의 말과 일맥상통할 만큼 유용하다. 탐험가들이 말하는 것처럼 원하는 곳을 찾아가려면 좋은 지도가 반드시 필요하다. 새로운 땅을 탐험하든 집으로 가는 길을 찾든, (어떻게 읽고 사용하는지 안다면) 지도가 도움이 될 것이다. 지도는 지형의 큰 그림을 보여 주어서 우리가 어디에 있고, 어디로 가야 하는지 알 수 있게 해준다. 마찬가지로 신조도 기독교 신앙의 지도를 제공해 주어 기독교 신앙을 더 철저하게 탐험할 수 있게 해준다.

여기에는 매우 당연한데도 쉽게 지나치는 사실이 있다. 지도는 그것이 묘사하는 그 풍경이 아니라는 사실이다. 카리브해의 섬이든, 움브리아 지역이든, 캘리포니아의 산과 숲이든, 당신이 방문한 적 있는 특별한 장소를 한번 떠올려 보라. 그 장소가 지닌 자연적 아름다움을 체험한 일이 어땠는지 기억나는가? 이제 지도에서 그 장소가 어떻게 묘사되는지 생각해 보라. 이차원적 묘사가 삼차원적인 실재와 어떻게 비교될 수 있을까? 결코 비교가 안 된다! 지도는 생생한 색감, 풍성한 재질, 웅장한 경관의 미세한 향기를 전달하지 못한다. 종이에 그려진 단순한 그림은 자연 세계의 아름다움과 웅장함을 온전히 드러낼 수 없다. 지도는 그런 것을 드러낼 의도로 만들어진 것이 아니다!

지도는 웅장하고 흥미로운 무언가를 기술적으로 그려 놓은 것으로, 웅장한 실재를 축소해서 소개할 뿐이다. 마찬가지로 신조는 믿음을 증거하고 신앙의 핵심 요소들을 간편하게 정리한 것으로, 기독교 신앙의 역동성, 기쁨, 즐거움을 표현하기 위한 것은 아니다(물론 그럴 수도 없다). 신조는 기독교라는 넓은 초장을 둘러싼 울타리와 같고, 물이나 음식을 어디서 찾을 수 있는지 안내하는 표지판과 같다.

신조의 단어들은 현실을 바라보는 풍성한 기독교적 관점을 전체적으로 붙들어 주는 중요한 임무를 하지 못하는 것 같고, 신앙에 관한 이야기를 점점 흐릿하고 약하게 만드는 것처럼 보인다. 그리고 인간의 언어는 결국 하나님의 실재를 제대로 드러낼 수 없다는 사실을 확인시키는 것만 같다. 그러나 인간 언어의 본질을 깊이 생각해 온 사람들에게 이 사실은 그리 놀라운 일이 아니다. 철학자 루드비히 비트겐슈타인이 한 유명한 말처럼, 신선한 커피 향은 결코 말로 전달할 수 없기 때문이다.

> 커피 향을 묘사해 보라. 왜 안 될까? 단어가 부족해서일까? 그렇다면 어떤 단어들이 부족한 것인가? 하지만 그것을 묘사할 수 있으리라는 생각은 애당초 어디에서 비롯된 것일까? 그러한 묘사의 한계를 경험해 본 적이 있는가? 커피 향을 묘사하려고 했다가 실패한 경험이 있는가?[6]

문제는 커피 향을 소통하려 할 때 느끼는 한계가 아니다. 알프스 산봉우리에 서 있다고 상상해 보자. 우리 발아래 아름다운 경관이

융단처럼 끝없이 펼쳐져 있다. 늦은 오후, 부드러운 햇빛을 받아 나무, 시냇물, 초원, 마을이 빛나고 있다. 나중에 집에 돌아가서 이 웅장한 경관을 어떻게 설명할 것인가? 한 단어와 그 단어가 가리키는 실재 사이에는 언제나 상당히 깊은 상상적 틈새가 있다. 당신은 친구에게 산꼭대기에 서서 멀리 바라본 나무를 이야기할 수 있다. 하지만 '나무'라는 간단한 단어는 알록달록한 나뭇잎들이 햇빛 아래 반짝이던 웅장한 숲이나, 그 장엄한 광경을 바라보며 당신이 느낀 감정을 되살려 주는 기억들을 설명하지는 못한다. 그 단어가 할 수 있는 최선은 그 기억을 회상할 수 있게 해주는 것뿐이지, 다른 사람에게 있는 그대로를 전달하지는 못한다.

하지만 그 자체는 그리 치명적인 문제가 아니다. 우리가 신조의 단어와 기독교 신앙을 동일시하려는 어리석음을 범할 때, 다시 말해 기독교를 단순히 문자적인 선언들의 점검표 정도로만 이해하려 할 때, 심각한 어려움에 봉착하게 된다. 신조는 단어들의 의미에 주어진 기능으로는 온전히 설명할 수 없는, 더 위대한 실재를 가리키는 표지판으로 의도된 것이다. 문자는 우리 신앙의 더 깊은 실재를 표현하고 소통하려는 인간의 시도다. 우리는 신조가 문자적 도구로서, 복음이라는 보물을 가리키는 표지판 역할을 한다는 것을 이해하는 법을 배워야 한다. 신조를 통해 보기 위한 길로 들어서기 전에 우리는 먼저 신조가 무엇인지 봐야 한다.

신조가 제공하는 지도는 성경의 핵심 주제들을 뽑아내어, 영화롭고 사랑이 많으시며 의로우신 하나님을 보여 준다. 그리고 하나님이 세상을 창조하시고, 점점 그릇된 길로 가고 있는 이 세상을 새롭게 하고 방향을 잡아 주어 마침내 완성으로 이끄시는 것을 보여 준다. (우리가 누구이고 무엇이 잘못되었는지, 이에 대해 하나님은 어떤 계획이 있으시고 우리는 그 계획에 어떻게 반응해야 하는지에 관한) 우리의 진정한 목적과 의미, 가치를 드러내는 이 이야기에서 우리는 중요한 부분을 맡고 있다.

* * *

우리는 기독교의 진리들을 서로 연결되지 않은 개별적인 것들의 집합으로 여겨서는 안 된다. 그 진리들은 마치 거미줄처럼 (복음으로 가능해진) 실재를 바라보는 강력하고 설득력 있는 관점으로 밀접하게 연관되어 있다. 복음은 개별적인 구성 요소들보다 훨씬 거대한 전체다. 우리는 삼위일체 교리, 성육신, 하나님 나라에 대한 소망 등과 같은 기독교 신조의 핵심 주제들이 마치 단단하게 인봉되어 다른 교리들과 아무런 관련 없이 별개로 존재한다고 여겨서는 안 된다. 분명 우리는 기독교 신앙을 잘 탐색하게 해줄 유용한 방법을 찾아야 한다. 그러나 이는 기독교를 단순히 서로 관련 없는 개별 신조들을 열거해 놓은 것으로 생각하고, 다른 교리들과 어떻게 연결되는지는 전혀 개의치 않은 채 각 내용을 다룰 방법을 찾는다는 뜻이 아니다.

이것을 좀 더 분명하게 설명하기 위해 다른 비유를 들어 보려고 한다. 당신이 지금 스위스 알프스나 영국 호수 지방(Lake District, 영국 북서쪽 산악 지방에 있는 호수_옮긴이)의 언덕에 서 있다고 상상해 보자. 당신 발아래로 숨 막히는 경관이 펼쳐져 있다. 그 아름다움과 장엄함을 담고 싶어서 당신은 눈앞에 펼쳐진 강과 마을, 숲, 시냇물 등 이

곳저곳을 사진에 담는다. 그런데 당신의 것보다 훨씬 좋은 카메라를 가진 사람이 와서 경관 전체를 파노라마로 찍는다. 그 사람이 가진 카메라로는 당신이 스냅 사진으로 찍은 부분들 모두를 담은 '큰 그림'을 찍을 수 있다. 파노라마 사진을 보면 각 스냅 사진이 장엄한 풍광에서 어느 부분을 담고 있는지 알 수 있지만, 스냅 사진만으로는 파노라마를 보여 주지 못한다.

스냅 사진에 의미를 부여하려면 파노라마 사진에서 스냅 사진들의 위치를 찾아 주어야 한다. 스냅 사진이 복잡한 풍광의 세부적인 부분을 보여 주는 데는 문제가 없다. 그러나 스냅 사진만 보고 그 사진이 일부(단순히 일부)를 이루고 있는 전체적인 큰 그림을 보지 못하는 것은 대단히 위험한 일이다. 우리는 자주 서로 연결되지 않은 교리들을 나열해 놓은 것으로 기독교를 생각한다. 그래서 그 교리들이 실제로 드러낼 큰 그림을 만들어 줄 점들을 연결하지 못한다. 그러나 개별적인 기독교 신념들을 이해하려면 먼저 그 신념들이 부분을 이루고 있는 더 큰 현실의 비전을 이해해야 한다.

예를 들어 창조 교리와 같은 기독교 신앙의 한 면을 다루고 있다면, 우리는 사실 신앙이라는 거미줄의 한 교차점, 또는 거대한 파노라마의 스냅 사진 한 장을 보고 있는 것이다. 어느 한 기독교의 진리를 연구한다는 것은 사실 한 가지 주제에 초점을 맞추면서도 다른 교리들과 서로 교차하면서 복음이라는 '거대한 이야기', 즉 신앙의 거미줄 전체를 연구하는 것이다. 지도 이미지는 기독교의 모든 핵심 진리가 서로 어떻게 연결되어 전체가 되는지 이해하는 데 유용하다. 신조는 개념들이 서로 어떻게 연결되어 있는지 이해하도록 돕는

지도다. 여러 길이 어떻게 도시와 마을을 연결하는지를 지도가 보여 주는 것처럼 말이다.

* * *

우리가 생각해 볼 또 다른 점을 위해 이 풍경 이미지에 좀 더 머물러 보자. 우리 아래 펼쳐진 매우 웅장하고 아름답고 거대한 파노라마를 보면서 대부분은 그 거대한 풍경에서 특히 우리의 관심을 끄는 한 곳에만 집중하고 나머지는 대충 보고 있다는 사실을 알게 될 것이다. 우리는 파노라마의 한 지점에 집중해서 시냇물, 초원, 숲은 간과한 채 멀리 있는 마을만 주목할 수 있다. 어떤 면에서 '선택적 관심' 또는 '인지적 편견'은 도움이 된다. 우리가 진정으로 관심 있는 것에 주목할 수 있기 때문이다. 하지만 많은 경우에 그것은 큰 그림의 다른 면들(다른 사람들에게 중요하기 때문에 우리도 관심을 가져야 할 면들)을 놓친다는 뜻이기도 하다.

믿음의 공동체가 중요한 이유가 바로 여기에 있다. 친구들과 함께 파노라마를 바라본다고 상상해 보라. 다른 사람들과 함께 자신이 본 것을 말하다 보면 다른 사람들은 당신이 보지 못한 것을 보았음을 알게 될 것이다. 당신의 관심이 마을에 있을 때 다른 사람들은 빠르게 흐르는 시냇물의 무지갯빛 물결이나, 무더운 오후 뜨거운 태양을 피해 그늘을 찾아 나무 아래로 모여든 가축들에 매료되었을 수 있다. 각자가 본 것을 말하다 보면 풍경에 관해 개인이 본 것보다 훨씬 포괄적이고 신뢰할 만한 공동의 견해를 모을 수 있다. 개인보다는 집단이 더 많은 것을 볼 뿐 아니라, 집단은 개인이 지닌 신앙의 풍경을 교정해 줄 수도 있다. 어떤 사람이 나무 사이를 흐르는 시냇물이라고 생각한 것이 사실은 오솔길이었을 수도 있는 것이다. 우리는 대단히 주관적으로 사물을 이해하는 개인의 생각에 제한되기보다는 좀 더 광범위하고 냉정하며 축적된 믿음의 이야기를 알아야 한다.

이는 우리가 개인을 넘어 배움, 지혜, 통찰의 공동체로 교회를 보아야 한다는 것을 상기시킨다. 신앙의 풍경을 여행할 때 우리는 그 길을 함께 여행하는 사람들에게 도움을 얻을 수 있다. 단순히 우리와 함께 여행하는 사람들만 우리를 도울 수 있는 것이 아니라 우리보다 앞서 믿음의 여정을 걸어간 사람들도 동일한 순례를 하고 있는 우리를 도울 수 있다. 그들은 우리와 같은 것을 질문했으며, 그렇기 때문에 그들의 대답은 오늘 씨름하고 있는 우리에게 큰 힘이 될 수 있다. 중세 시대의 위대한 신학자 솔즈베리의 존(John of Salisbury)은 이렇게 말했다.

> 우리는 거인의 어깨에 앉아 있다. 우리는 그들이 보는 것보다 더 멀리까지 볼 수 있다. 우리의 시력이 더 탁월하거나 우리의 키가 더 커서가 아니라 그들이 자신의 키보다 높은 곳에서 볼 수 있도록 우리를 들어 올려주기 때문이다.[7]

이것이 바로 신조가 의도하는 바다. 신조는 개인 신앙 선언이 아니라, 자신들의 유산을 깊이 숙고하고 되도록 간결하게 그 유산을 표현하기 원한 초기 믿음의 공동체에서 비롯된 기독교 교회의 공공 신앙 선언이다. 신조는 성경을 어떻게 하면 가장 잘 이해시킬지, 그리고 가장 만족스럽고 진실한 믿음의 이야기를 제공하는 많은 실을 어떻게 엮을지에 대한 기독교 공동체의 포괄적인 생각들을 모아 놓은 것이다. 어떤 실이든 그 자체로는 자신이 구성을 이루는 더 큰 그림을 보여 주기에 적합하지 않다. 4세기경에 예루살렘의 키릴로스(Cyril of Jerusalem)가 지적한 대로 신조란 성경의 핵심 주제들을 모아 잘 응집된 완전체로 만들어 신앙 전반을 보여 주는 '신앙의 종합'(synthesis of faith)이다.

* * *

어떤 사람들은 기독교 제자도와 관련하여 신조가 무슨 가치가 있는지 묻고 싶을 것이다. 예를 들어 갈릴리 호숫가에서 그리스도께서 두 어부, 베드로와 안드레를 만나 부르신 사건을 생각해 보라(막 1:16-18). 그리스도께서는 그들에게 간단히 "나를 따라오라"고만 말씀하셨다. 그들에게 신조를 암송하거나 받아들이라고 요구하지 않으셨다. 그들은 그저 따라오라는 청함만 받았을 뿐이다. 첫 번째 제자들은 자신의 생업을 위해 철저하게 의존한 그물을 버려두고 이 이상한 인물을 따랐다. 그들이 전적으로 그분께 자신을 맡기기로 한 것은 그분을 진정 특별한 분이라고 여겼기 때문이다.

이처럼 믿음의 핵심이 예수 그리스도께 우리 자신을 맡기는 것이라면, 어째서 신조들을 통해 이것을 복잡하게 만드는가? 때로는 매우 딱딱하고 때로는 몹시 무미건조해 보이는, 누구도 환영하지 않는 문자화된 이 신앙 형태가 우리에게 정말 필요한가? 이 질문이 대단히 합리적이라는 것은 인정한다. 그러나 우리는 베드로와 안드레가 걸어간 믿음의 여정이 갈릴리 호숫가에서 시작되었다고 말할 수 있 긴 하지만 거기서 끝난 것이 아니라는 사실도 인정해야 한다. 복음서를 읽으면서 우리는 제자들이 나사렛 예수의 정체와 의미를 점점 깊이 이해하고 그에 따라 그분께 반응하는 것을 통해 그들의 믿음이 깊이나 내용에 있어서 더욱 성숙해지는 것을 볼 수 있다.

처음에 베드로와 안드레는 그리스도를 신뢰한다. 그리고 시간이 지나면서 이들의 신뢰는 그리스도에 관한 신앙적 신념에 의해 (결코 없어지지 않고) 보완된다. 그리스도는 이스라엘 역사에서 어떤 위치를 차지하시는가? 그리스도가 특별하신 이유는 무엇인가? 그분을 따른 다는 말에는 어떤 의미가 함축되어 있는가? 그리스도는 그들의 개인적인 이야기에서 어떤 위치를 차지하시는가? 이런 질문들에 대답하는 과정에서 결국 신조가 등장한 것이다. 개인적인 신뢰는 신앙 체계에 의해 더욱 풍성해진다. 예수 그리스도가 퍼즐 맞추기 게임의 중앙에 있고, 나머지 퍼즐들은 그리스도 주변에 맞춰지는 것이다.

예수 그리스도가 누구신지, 그분이 왜 그렇게 중요한지 설명해야 할 때마다 제자들은 그분에 관한 자신의 믿음을 표현할 수 있는 단어들을 찾았다. 신조란 초대 교회가 기독교 신앙의 중심에 놓인 것을 이해시키기 위해 신중하게 선택한 단어들을 연결해 놓은 것이다. 신조는 지도의 그림이 풍경을 묘사하듯이 기독교 신앙을 묘사한다.

* * *

신조는 신앙 선언문이다. 시대가 지나면서 기독교 저자들은 '신앙'이라는 중요한 단어가 지닌 두 가지 측면을 구별했다. 우선 신앙은 '우리로 믿게 만드는 것'으로 이해할 수 있다. 다시 말해 하나님께 "예"라고 대답하고, 삶과 생각의 안전한 근거로 하나님을 붙드는 신뢰와 동의의 행위로 신앙을 이해하는 것이다. 둘째, '우리가 믿는 것'으로 이해할 수 있다. 다시 말해 우리가 신앙하는 내용들로 이해하는 것이다. 이 경우, 신앙이란 우리가 믿고 신뢰하는 행위보다는 우리가 믿는 내용을 가리킨다. '신앙'에 대한 이 두 가지 이해는 마치 동전의 양면처럼 서로 떨어질 수 없지만, 그럼에도 이 둘을 구별하는 것이 도움이 된다. 신조는 첫째 경우의 신앙을 전제로 하지만 대체로 둘째 경우와 관련된다.

따라서 우리는 ('나는 누구를 신뢰하는가'와 같이 관계에 관한) 신앙(faith)과, ('나는 무엇을 생각하는가'와 같이 사상에 관한) 믿음(belief, 문맥에 따라 '신념'으로 번역하였다_옮긴이)을 분별할 수 있다. 이러한 형태에서 보면, 신조는 믿음에 관한 것이다. 신앙은 무엇보다 확신, 헌신, 사랑으로 규정되는 하나님과의 관계, 즉 신뢰의 개인적 행위로 묘사된다. 하나님을 신앙한다는 말은 하나님을 믿을 만한 분으로 믿고 신뢰한다는 것이다. 믿음은 그 신앙의 내용을 말로 표현하려는 시도다. 사실상, 우리로 하여금 신뢰하는 자세를 갖게 만드는 하나님의 어떠하심을 설명하는 것이다.

이러한 신조가 형성되는 것은 신뢰와 헌신이라는 우선적인 행위에 뒤따르는 것이라고 말할 수 있다. 하지만 그렇다고 해서 덜 중요하거나 소홀히 여겨도 되는 것은 아니다. 기도와 예배를 통해 표현되는 신자와 하나님의 관계는 단어와 사상으로 설명되어야 한다. 우리가 누구를 믿는지, 무엇을 믿는지를 좀 더 이해하려는 열정도 신앙생활에 속한다. 중세 시대 신학자인 캔터베리의 안셀무스(Anselm of Canterbury, 대략 1033-1109)가 한 유명한 말 "이해를 추구하는 신앙"(*fides quarens intellectum*)이 바로 이 점을 잘 표현하고 있다.

* * *

앞서 내가 언급한 표현을 좀 더 구체적으로 설명하려고 한다. 나는 우리가 신조를 통해 보는 법을 배워야 한다고 제안했다. 이 말이 무슨 뜻일까? 옥스퍼드 대학에서 오랫동안 신학을 가르치면서 나는 삼위일체와 같은 기독교 신앙의 교리에 관해 물어야 할 세 가지 중요한 질문이 있다는 것을 배웠다. 첫째, 우리는 이 교리를 왜 믿어야 하는지 물어야 한다. 다시 말해서 그것이 신뢰할 만하고 당위성이 있다고 생각하도록 하는 이유는 무엇인가? 둘째, 우리는 이 교리를 어떻게 가르치고 설교해야 하는지 물어야 한다. 이 교리들을 일리 있게 이해시키려면 어떤 비유를 사용할 수 있을까? 셋째는 좀 더 깊이 있는 질문이다. 이 교리가 참으로 옳다면 우리 자신과 세계를 이해하는 방식에 어떤 차이를 가져올 것인가? 즉 우리가 살아가는 방식이 어떻게 달라지는가?

여기서는 셋째 질문을 좀 더 구체적으로 다루어 보려고 한다. 기독교 제자도란 믿음 안에서 사고하며 거하는 것이다. 기독교는 우리 자신과 세계를 있는 그대로 볼 수 있게 해주는 렌즈를 제공한다. 조지 허버트(George Herbert, 1593-1633)의 시가 이 원칙을 잘 설명해 준다. 특히 다음 부분이 그렇다.

유리를 보고 있는 한 남자

그의 눈은 그저 유리만 보네.

하지만 유리 너머를 보고자 한다면

하늘을 찾게 되리라.[8]

허버트가 이 시를 쓴 17세기에는 렌즈(당시에는 '유리들'[glasses]이라고 불렀다)를 사용한 두 가지 발명품이 있었는데, 그것들은 인간이 자연 세계를 이해하는 데 변화를 가져다주었다. 허버트는 유리 자체를 보는 것과 유리를 통해 보는 것의 차이를 분명하게 구분한다. 우리는 창문을 볼 수도 있고, 망원경을 볼 수도 있다. 또한 동시에 그것들을 통하여 새로운 세계를 바라보는 자신을 발견할 수도 있다.

허버트가 살던 시대에 '현미경'은 꽃잎이나 나비의 날개에 있는 세밀한 것을 새로이 풍성하게 보여 주었다. 반면에 '망원경'은 우주에 있는 달이나 은하계를 이루는 별 군단을 보여 주었다. 이 두 발명품은 모두 늘 그 자리에 있었지만 인간 시력의 한계 때문에 볼 수 없던 것을 볼 수 있게 해주었다. 우리의 눈은 그리 좋지 못하기 때문에 그런 것들을 온전히 볼 수가 없다. 새로운 세계를 보려면 시력이 확장되어야 했다.

하지만 허버트가 하려는 말은 무엇보다 신학에 관한 것으로, 기독교 믿음의 위치와 목적과 관련된다. 그는 믿음에 다가가는 두 가지 방법을 이해하는 데 도움을 준다. 첫째, 우리는 믿음 자체를 볼 수 있다. 이것은 전통적인 신학 교과서에서 쉽게 발견할 수 있는 방법으로, 기독교 교리들을 개별적으로 나열하고 그 독특한 주제들을 개별적으로 다루는 것이다. 둘째, 우리는 믿음을 통해 볼 수 있다. 마치 망원경이 실제로 무엇이 존재하는지를 포착하는 능력을 향상시켜서 우리로 하여금 하늘을 찾아 그 실재를 즐길 수 있게 해주는 것처럼 말이다.

기독교의 더 '큰 그림'을 수용하는 것은 하나님의 형상으로 창조된 존재로서 우리는 참으로 중요하다는 것과, 하나님을 아는 풍성함에 비하면 신분과 부는 아무것도 아니라는 것을 깨닫도록 돕는다. 토마스 아 켐피스(Thomas á Kempis, 1380-1471)가 자신의 영적 고전 「그리스도를 본받아」(*The Imitation of Christ*)에서 지적한 대로, 바른 관점에서 볼 때 "이 세상의 영광은 사라진다." 우리는 새로운 관점에서 사물을 보면서 그 관점이 세상을 바라보는 또 다른 한 방법이 아니라는 것을 깨닫는다. 그것은 세상을 사실대로 바라보는 신실하고 중요한 방법이기 때문이다. 기독교 제자도는 우리가 신조를 **통하여** 세상과 우리 자신을 **바라볼 때**, 그리고 새로운 방법으로 그것들을 보게 될 때 비로소 열리는 새로운 세상을 반영하는 것이다.

그러나 동시에 우리는 왜곡된 거울로 세상을 보거나, 보이지 않는 눈으로 인간 본성의 더 어두운 면을 향하는 사람들도 있다는 것을 인식해야 한다. 철학자 아이리스 머독이 종종 언급한 대로 인간은 실재가 불편하게 느껴지면, 세상과 자신을 보는 시각을 덜 불편한 쪽으로 바꾸길 선호하기 때문이다. 그러나 기독교 렌즈로 세상과 자신을 본다는 것은 우리가 이대로는 계속 갈 수 없음을 깨달아 실제 상황에 초점을 맞추기로 하는 것이다. 의학적으로 비유하자면 기독교적인 의미 체계는 무언가 잘못되었다는 것을 보여 주고, 그것을 고치고 싶다면 치료를 받아야 한다는 것을 알려 주는 예방 도구의 역할을 한다. 우리는 모든 것이 괜찮다는 허상에서 해방되고, 잘못된 것을 고치기 위해서는 무엇을 해야 하는지 알게 된다.

***

실제적인 질문으로 이번 장을 마치려 한다. "우리의 개인 신앙을 더 높고 더 넓게 성장시키는 데 신조는 어떻게 사용될 수 있는가?" 한 가지 중요한 방법은 신조가 신앙의 풍경을 지도로 그려 주어 그것을 탐구하게 해준다는 것을 아는 것이다. 물론 그 경관에는 우리에게 전혀 낯선 풍경들도 있다는 것을 확실히 알아야 한다. 신조는 내가 아직 접하지 못한 것들을 탐구할 수 있게 해주고, 이해하지 못하던 것들에 확신을 가지도록 나를 초청한다. 우리 중 많은 사람이 여전히 그 그림의 개별적인 부분만 탐구하고 있지만, 신조는 우리에게 그림을 제시하고 그것을 공유하도록 초청하길 매우 열망한다.

무엇보다 기독교 신학은 신조를 묵상할 때 얻게 되는 자연적이고 적합한 세 가지 결과를 행할 수 있다. 간단하게 요약해 보자.

1. 기독교 공동체가 그 중심에 있는 핵심 진리들을 재확인하여 고유의 정체성을 유지하게 해준다.
2. 세상을 보는 서로 다른 견해들을 대할 때 안전하고 지적인 근거를 제공하여 교회가 시선을 밖으로 돌릴 수 있게 해준다. 신학은 변증을 위한 지적인 기초를 제공한다. 이 변증은 인생의 궁극적인 질문을 다루고 답을 제시하면서 폭넓은 문화와 적극적으로 교류하게 해준다.

3. 실재를 바라보는 기독교적 관점 안에 더욱 깊이 뿌리내리게 해서 각 그리스도인에게 신앙을 더욱 깊이 탐구할 수 있는 자료를 제공한다. 따라서 기독교 신학은 기독교 제자도를 자극하고 자라게 한다.

에스파냐의 작가 아빌라의 테레사가 쓴 기념비적 작품인 「영혼의 성」(*The Interior Castle of Soul*, 1577)은 신앙을 성 안을 탐구하는 것으로 생각해 보길 제안한다. 성 안에 들어가도록 허락받았다면 우리는 성의 안뜰부터 차례차례 보고 싶을 것이다(아니, 보아야 한다). 테레사는 실재를 바라보는 기독교적 관점을 각자가 개인적으로 경험하고 이해하고 확신한 것으로 제한하지 말아야 한다고 주장한다. 과거와 현재의 다른 많은 사람은 우리에게 "측량할 수 없는 그리스도의 풍성함"(엡 3:8)을 탐험하면서 영혼의 성 안 더 깊은 곳에 있는 다른 문들도 열어 보라고 강력히 권하고 있다. 우리는 처음에 깨달은 것보다 더 위대하고 아름다운 것들에 성찰적으로 거하길 더욱 열망해야 한다.

따라서 신조를 암송하는 것은 우리가 이미 발견하여 신뢰하게 된 것을 단언하는 것이며, 동시에 하나님과 그리스도를 향해 폭넓게 감사하려는 우리의 뜻(agenda)을 세우는 것이다. 그것은 우리가 무엇을 알고 있고, 무엇을 발견해야 하는지를 상기시킨다. 신조는 측량할 수 없는 그리스도의 풍성함을 확실하게 이야기해 주지는 않을지 모른다. 그러나 지속적인 기독교 제자도의 한 과정으로 이 풍성함을 발견하고 인식하는 틀을 제공한다. 이 탐구의 여정이 계속되기를!

3장 기독교 지성의 습관들
_신앙 공동체와 개인적 성장[*]

이번 장에서는 기독교 제자도 과정에서 신앙 공동체인 교회의 역할을 다루려 한다. C. S. 루이스의 영적 성장과 신학적 성찰을 돌아볼 때, 그에게 기독교 공동체는 틀림없이 하나님을 배워 나가기에 적절한 도구였음이 분명해 보인다.[1] 그렇다면 기독교 신앙의 기본에 뿌리내린 사고 습관을 개발하는 데 교회의 역할은 무엇인가? 이번 장에서는 역사에 깊이 뿌리내리고 있는 교회의 정체성 하나를 집중적으로 다루고자 한다. 나는 그 정체성이 기독교 제자도와, 세상을 향한 교회의 증인 됨에 아주 중요한 역할을 했다고 확신한다. 곧 세상과 우리 자신을 새롭고 혁신적인 빛으로 볼 수 있게 해주고 예배와 경배를 통해 경이로움을 유지하는 비전의 공동체로서 교회를 이해하는 것이다.

---

[*] 이 장은 2016년 옥스퍼드 대학 그리스도인 대학원생들과 한 대담에 기초한 것이다.

기독교적 관점_ 세상을 있는 그대로 보는 것

신약은 인간의 상황이 복음으로 새로워졌다고 주장한다. 이 새로워짐과 회심은 단순히 도덕적이고 관계적인 문제에만 국한된 것이 아니다. 소극적으로는 "이 세대를 본받지 말고" 적극적으로는 "마음을 새롭게 함으로 변화를 받[으라]"(롬 12:2)는 바울의 명령에 요약된 대로 세상과 우리 자신을 생각하는 방법 전반에 적용된다. 신약 성경은 우리가 세상을 보는 방식이 어떻게 달라지는지를 묘사하기 위해 다양한 이미지를 사용한다. 우리의 눈이 치유되었기 때문에 바르게 볼 수 있게 되었다든지, 베일이 걷혀 하나님의 세계를 바라보는 데 장애가 되는 것들이 사라졌다든지 하는 것이 그 예다. 신약은 그와 같은 변화 과정이 우리 힘으로 일어날 수 있는 것이 아니라 하나님이 베푸신 은혜의 역사라고 강조한다.

신약 성경과 고대 기독교 저자들은 인간을 이해하고 세상을 바라보는 방식에 대한 이러한 획기적인 재발견을 종종 '메타노이아'(μετάνοια)라는 헬라어로 표현했다. 이 단어는 전통적으로 '회개'라고 번역되었지만, '마음의 변화'라는 표현이 그 의미를 가장 제대로 전달하는 것 같다.[2] 회심을 경험한 사람들에게 '메타노이아'는 굳게 자리 잡고 있던 사고 습관을 무너뜨리고, 기독교 신앙에 의해 형성되고 뿌리내린 사고 습관을 개발하는 형태를 의미한다. 또 어떤 사람들에게는 믿음이 지속적으로 자라 자신의 지성과 생각이 기독교 신앙의 실재들로 채워지고 일치되어 가는 것을 뜻한다.

그것은 한순간에 일어나는 사건이 아니라 훈련과 연습을 통해 성장하고 개발되어야 하는, 점진적인 변화 과정이다. 신약은 달음질하는 운동선수(고전 9:24-26)나 사생활과 군사적 헌신 사이에서 갈등하는 병사(딤후 2:3-4)와 같은 비유들을 사용하여 지적이고 영적인 훈련을 설명한다. 우리는 회심을 통해 그리스도를 품게 되지만, 이러한 헌신 행위에는 이제 우리의 집이 된 신앙의 풍경을 지속적으로 탐구하는 작업이 따라오게 된다.[3]

바울이 말한 "그리스도의 마음"이라는 개념은 다양하게 해석될 수 있다.[4] 그렇지만 아마도 우리가 세상에서 겪는 경험을 신앙 체계 안에서 다시 세우고 굳건해지도록 확장하며 강화하는, 새롭게 정착된 사고방식이라고 보는 것이 가장 자연스러운 해석일 것이다. 신앙을 통하여 그리스도인은 이제 세상을 새롭게 보고 이해하며 평가하는 습관을 개발한다. 이러한 변화와 성장의 과정이 그리스도인 개인 안에서 일어나지만 동시에 믿음의 공동체 전체가 그 과정을 권면하고 그 과정에 영향을 끼치게 된다.

히포의 아우구스티누스도 신자들의 지적이고 도덕적이며 영적인 변화를 격려하고 유지시키는 데 교회와 성도가 아주 중요한 역할을 한다는 점을 중요하게 강조한 바 있다.

> 우리가 이 땅에서 해야 하는 근본적인 일은 하나님을 볼 수 있도록 마음의 눈을 고쳐 주는 것이다(*sanare oculum cordis*). 바로 이것 때문에 거룩한 신비를 기념하고 하나님 말씀을 선포하는 것이며, 교회는 바로 이 목표를 향해 도덕적으로 권면하는 것이다.[5]

에베소서 1장 18절("너희 마음의 눈을 밝히사")에서 가져온 이미지이자 우리의 눈길을 끄는 '마음의 눈을 고친다'는 아우구스티누스의 문구는 새로운 사고 습관을 얻는 것을 마치 시각 장애인이 처음 세상을 보고 감사하는 것에 비교할 수 있다고 제안한다. 우리가 제대로 볼 수 있을 때까지 세상의 진정한 아름다움은 감추어져 있다. 하나님은 사물을 있는 그대로 볼 수 있도록 고치고 새롭게 하실 수 있는 궁극적인 분이지만, 이러한 변화 수단에 속하는 여러 기관 가운데서도 무엇보다 교회를 사용하신다.

아우구스티누스는 실재를 바라보는 이러한 관점을 인간의 경험과 연관 짓고, 그것을 설명하고 실천하는 방법으로 말씀 선포와 성례를 강조했다. 그리고 그 말씀 선포와 성례를 통해 세상을 다르게 볼 수 있게 하는 데 기독교 공동체가 아주 중요한 역할을 하고 있다고 보았다. 로완 윌리엄스(Rowan Williams)도 제자도란 "하나님의 본성과 일하심에 관해 공동체적으로 고백한 진리와 서서히 연결되면서 개별적인 경험들이 형성되고 구별되는 과정"이라고 말함으로 아우구스티누스와 매우 흡사한 생각을 표현한 적이 있다.[6]

미국의 신학자 스탠리 하우어워스(Stanley Hauerwas)도 비슷하게 말했다. 그는 윤리에 접근하는 독특한 기독교적 방식을 개발하고 유지하는 것의 중요성을 강조했다. 여기서 우리는 다시 한 번 세상을 보고 (그에 따라 평가하는) 기독교만의 독특한 방식을 강조하는 것을 발견한다. 우리는 인간 행위로서 세상을 '들여다볼 수 있는' 렌즈 또는 틀이 필요하다.[7] 그리고 그 틀은 교회의 삶과 증거로 표현되고 행해지는 기독교 이야기를 세밀하고 광범위하게 숙고할 때 얻을 수 있다.

기독교 윤리의 주요 임무는 우리로 하여금 '보도록' 돕는 것이다. 우리는 우리가 볼 수 있는 세상 안에서만 움직일 수 있고, 보는 법을 훈련받아야만 세상을 제대로 볼 수 있기 때문이다. 마냥 바라봄으로 보게 되는 것이 아니라, 한 이야기 속으로 들어가는 것을 통해 기술을 개발하고 훈련받아서 보게 되는 것이다.[8]

따라서 교회는 세상을 보는 방법을 선포하고 유지하며, 절제된 말과 형상, 행동으로 그 방법을 구체화한다. 이것은 공동체가 전통을 통해 형성된 사고와 행동의 '습관'으로 어떻게 그 정체성을 유지했는지에 관해 알래스데어 매킨타이어(Alasdair MacIntyre)가 언급한 통찰과 밀접하게 관련된다.[9] 우리는 참된 빛을 통해 세상을 보도록 부름 받았다. 있는 그대로 보여지도록 세상을 조명하고 초점을 맞추는 기독교의 '정신적 지도'를 적용하는 것이다. 그래서 하우어워스는 "교회는 세상을 참되게 볼 수 있는 수단을 제공하는 것으로 세상을 섬긴다"고 주장했다.[10]

그렇게 해서 교회는 영적 통찰의 통로, 또는 신학적 비전의 렌즈 역할을 감당할 수 있다. 오스틴 파러가 지적한 대로 우리는 "사람들이 망원경으로 별을 보듯이 그리스도의 교회를 통해" 본다.[11] 그러나 교회를 신학적 비전의 공동체라고 말하는 것은 단순히 현재를 이해시키는 임무만 맡았다는 뜻이 아니다. 더 나아가 교회는 기독교 소망이 만들어 낸, 변화되고 더 나은 미래를 내다본다는 뜻이기도 하다. 교회는 인류의 소망을 새롭게 하고 은혜를 통해 그 상황이 변화되는 것을 강조하여 하나님 나라를 미리 맛보게 하는 표적과 수단

역할을 한다.[12] 이처럼 교회는 더 나은 미래를 보여 주고 세상에 증거하여 그것을 드러낼 수 있는 역량을 소유하고 있다. 교회는 선포와 예배를 통해 새 예루살렘의 도래를 고대하면서 지금 이 땅에서 그 가치를 구현하고 드러내기를 추구한다.

기독교적 비전과 현실의 변화

이번 장의 핵심 논증은 기독교 신앙이 우리에게 실재를 보는 새로운 방법을 제공한다는 것이다. 그 방법은 이 세상에 대한 우리의 이해와 그 안에 살고 있는 우리의 위치를 변화시키고 재평가하게 만든다. 그것은 사물을 있는 그대로 볼 수 있도록 조명하고 초점을 맞추어 실재에 대한 우리의 허상을 벗겨 낸다. 교회는 이 비전을 위해 존재하는 공동체이며, 그렇기 때문에 그와 같은 변화와 조명의 역량을 드러내야 하는 공동체다.

실재를 '본다'는 표현은 단순히 '세상에 관해 생각하는 것'만으로 충분한가라는 의문을 갖게 한다. 기독교 제자도는 단순히 이성적일 뿐 아니라 풍부한 상상을 가능하게 한다. 하나님이 신약에서 제시하시고 교회의 예배와 선포를 통해 실천하신 이 풍성하고 압도적인 하나님의 비전을 수용하기 위해서 이성, 상상, 감성 등 우리가 지닌 모든 역량을 확장시키는 것이다. 이와 같이 신앙 공동체를 통해 우리는 상상력을 자극받고 지적으로 풍성하게 실재를 바라보게 된다. 따라서 각 그리스도인은 바로 이러한 전통을 성찰하는 거주민이면서, 동시에 그 전통에서 얻은 지혜로 양육되고, 특히 주의를 기울인 성찰을 통해 이 복음의 비전을 더욱 깊이 인지하게 된다(살전 5:21).

문학 비평가 스탠리 피쉬(Stanley Fish)가 즐겨 사용하던 용어를 빌리자면, 우리는 교회를 "해석적 공동체"로 생각할 수 있다.[13] 이 해석적 공동체는 "경험을 정리하는 독특한 관점이나 방식"을 구체화하고 선포한다.[14] 그러므로 교회는 로완 윌리엄스가 "오직 예수에만 초점을 맞춘 해석학적 이야기"[15]라고 표현한 것을 구체화하는 해석학적 공동체라고 볼 수 있다. 곧 예수 그리스도의 생애와 죽음과 부활, 또는 창조와 구속과 완성의 삼위일체적 '구원 경륜'으로 이해되는 성경 텍스트, 그리고 역사와 자연을 독특하게 해석하는 공동체인 것이다.

따라서 신앙 공동체는 사람들이 자신의 사회적 실존을 상상하는 방법을 명명하기 위해 찰스 테일러(Charles Taylor)가 사용한 용어인 "사회적 상상"(social imaginaries)과는 현저하게 다른 방식으로 세상을 본다.[16] 다시 말해 교회는 복음에 깊이 뿌리내린 고유의 사회적 상상을 선포하고 보여 주며 그 모습을 만들어 가는 공동체다. 그리스도인이나 비그리스도인 모두 넓은 의미에서 세상이라고 부를 수 있는 경험적 실재와 연관되어 살고 있다. 그럼에도 그들은 그것을 서로 아주 다르게 보고 있다(그리고 그에 따라 다르게 이해하고 평가한다).

그러므로 어떤 이론적 렌즈를 통해 관찰하는지에 따라 자연도 공동체와 개인에게 다르게 '보일' 수 있다.[17] '자연'(nature)이라는 용어는 인간 관찰자들이 경험적인 세상을 보고 해석하며 그 세상에 머무는 다양한 방식을 나타낸다. 문제는 자연 세계를 바라볼 수 있는 가장 좋고 적합한 렌즈 또는 해석적 틀이 무엇이냐다. 이 문제는 과학 철학 세계에서는 아주 익숙한 것이다. 10세기의 위대한 과학 철학자 윌리엄 휴얼(William Whewell, 1794-1866)이 지적한 대로 "자연 전체의 얼굴에는 이론이라는 가면이 씌워져 있다."[18] 또한 최근에는 과학 철학자 N. R. 핸슨(Hanson)이 관찰 과정이란 "이론으로 가득 채우는 것"이라는 설득력 있는 주장을 펼치기도 했다.[19]

기독교는 '테오리아'(θεωρία, '보는 것', '관상'을 뜻하는 헬라어로, 이 단어에서 'theory'가 유래되었다), 즉 '일종의 지적인 봄'(intellectual seeing)을 제공한다.[20] 이것은 세상을 보는 방법으로, 자연 세계는 세상을 창조하신 하나님을 드러낼 수 있는 역량을 지닌 하나님의 피조물이라고 해석하고 그러한 가치를 부여하는 것이다. 여기서 우리는 실재를 의미 있게 직시하는 방법으로 도덕 철학자 R. H. 헤어(Hare)가 "블릭"(blik)이라고 명명한 것의 중요성을 생각해 봐야 한다. 블릭은 지극히 제한된 감각적 경험에 의존하도록 강요하기보다는 도덕적으로 살며 생각하는 데 확신을 주는 어떤 것을 가리킨다.[21]

부분적으로 우리는 한 이론을 평가할 때, 그 이론이 사물을 좀 더 분명하고 광범위하며 그럴듯하게, 그리고 좋은 결과를 가져오도록 보게 할 가능성이 있는지를 생각한다. 좋은 이론은 단지 이해되지 않는 현상을 이해시키는 데 급급해하는 것이 아니라 실재를 더 풍성하게 바라보도록 돕는 것이다. 이 세상의 지평 너머에 있는 세상의 더 깊은 진리를 분별하려면 경험적인 세계 너머를 볼 수 있어야 한다고 언급한 철학자 아이리스 머독은 이 점을 특히 잘 인식하고 있었다. 머독은 그와 같이 정보에 입각한 상상의 행위는 "엄밀하게 사실적이라고 말할 수 있는 것" 너머로 갈 수 있게 해주며, 따라서 사물의 표면적인 것에만 집중하는 "엄밀하거나" "과학적인" 사고와 대조된다고 주장한다.[22] 실재와의 이런 깊은 연관은 우리로 하여금 자연 활동과 그 과정을 규명하는 데 만족하기보다는 그 의미와 가치를 합당하게 세울 수 있도록 해준다.

지성의 제자도가 지닌 세 가지 요소

기독교는 실재에 대해서 참되고 신뢰할 만하다고 확신할 수 있는 정신적 지도를 제공한다. 신앙의 제자도는 부분적으로 생각들의 연결망이라고 설명할 수 있는 "기독교 교리들의 집합"[23]을 인식하고 탐구한다. 이러한 탐구 과정에는 중요한 세 가지 요소가 있다고 볼 수 있다.[24]

우선, 우리는 어떤 특정 교리를 진리라고 믿는 이유를 생각해 보아야 한다. 그 교리를 믿을 만한 것으로 받아들이도록 보장하는 것은 무엇인가? 기독교 신학의 중요한 책임은 살아 계신 하나님에 관한 기독교적 경험을 보여 주는 생각들의 연결망을 연구하여, 그 생각들이 서로 의존하여 연결되어 있는 방식과 그것들의 적합성과 신빙성을 증거하는 것이다. 따라서 교회는 이 믿음에 대한 외부의 도전(예를 들면 삼위일체의 합리성에 대한 신무신론자의 비판)에 반응해야 하고, 그리스도인들로 하여금 자신이 지닌 신앙이 본질적으로 긴밀하다는 것을 확신할 수 있게 해주어야 한다. 그래서 신앙 공동체는 말씀과 성례에 의해 확립되고 태도와 행동을 통해 나타나는 기독교적 비전을 공유하고 주장할 수 있는 사람들을 모아 신앙을 위한 '타당성 구조'(plausibility structure)를 제공해 주어야 한다.[25]

둘째로 우리는 이 사상들을 어떻게 하면 최선을 다해 표현하고 전달할 수 있는지 생각해야 한다. 기독교 신학의 역사는 신자들로 하여금 신앙의 진리들을 붙들도록 도와준 여러 유비와 이미지로 가득하다. 종종 인용되지만 예를 들면 니사의 그레고리우스(Gregory of Nyssa)는 샘물의 근원과 물이 나오는 곳, 그리고 시내의 유비처럼 여러 유비를 개발하여 삼위일체의 교리에 도전하는 자들에게 대응하였다.

종종 소홀히 여기기 쉬운 셋째 요소도 생각해 보자. 어떤 교리가 진실하다면 그것이 함축하고 있는 의미는 무엇인가? 기독교 신앙은 우리가 세상을 이해하고 그 안에서 살아가는 데 어떤 차이를 가져다주는가? 그것은 사물을 보는, 새롭거나 고유한 어떤 방식을 제공하며 우리 행동에 어떤 영향을 주는가? 우리가 세상을 하나님의 창조 세계로 본다면 그 세상을 향한 우리의 행동은 어떻게 달라질까? 이러한 사고 과정을 통해 기본적인 환경 윤리가 도출되리라는 것은 어렵지 않게 짐작할 수 있을 것이다. 하지만 아마 더 중요한 것은 이러한 사고 과정이 그리스도인들이 믿는 것과 사는 방식의 상호관계를 표현하고 확인해 준다는 것이다.

교회와 세상_ 구별된, 그러나 단절되지 않은
교회는 다른 사람들과 똑같이 경험적 세계를 대하지만, 현대 문화의 기준으로 설정되어 있는 얄팍한 이성주의와는 현격하게 구별된 방식으로 그 세계를 해석하고 경험하며 평가한다.[26] 하지만 세상을 해석하고 세상에 거주하는 이 독특한 방식은 기독교 공동체가 공유된 인간 경험과 관심에 영향을 받지 않으면서도 동시에 그것들과 단절되지 않도록 권장하면서 유지된다. 이 점은 교회가 어떻게 폭넓은 인간 문화와 경험 세계와 단절되거나 분리되지 않는 독특한 정체성을 유지할 수 있는지를 이해하는 데 대단히 중요하다. 따라서 이 점을 좀 더 살펴보고자 한다.

교회는 세상과 구별되도록 부름 받았지만 또한 예수 그리스도의 복음을 선포하는 것을 포함하여 여러 다양한 방법으로 세상을 섬기도록 부름 받기도 했다. 로완 윌리엄스는 다음과 같이 지적했다.

> 교회는 …… 본질적으로 선교적이다. 인간 가장 깊은 곳에 있는 두려움과 회피를 드러내고, 그 두려움을 넘어 새로운 자유로 갈 수 있는 인간으로 존재하게 해주는 진실한 행동과 말로 세상과 소통하며 세상을 변화시키길 애쓴다는 점에서 말이다.[27]

하지만 '세상과 구별됨'에서 '세상과 단절됨'으로 옮겨 가는 것은 놀라우리만큼 쉽다. 단절됨이란 전반적으로 문화와 공용하는 언어나 가치가 없고, 아무런 접촉점도 없는 것을 뜻한다. 세상과 연결되지 않은 채 세상과 구별됨을 강조하는 교회는 단순히 문화의 주류와 단절되어 그 문화를 향해 어떤 의미 있는 말도 하지 못한 채 내부에만 영향을 끼치는 특정 집단(ghetto)이 된다.

바로 이것이 조금은 무미건조하고 평범해서 진부한 신학적 표현이 되어 버린 "세상에 있으나 세상에 속하지 않았다"는 유명한 말의 의미다. 교회는 한편으로 그 독특성을 유지하고 다른 한편으로는 문화 상황과 연관되는 역량을 유지하는 창조적 긴장 가운데 있다. 그렇다면 교회는 어떻게 문화적으로 적절하면서(상황화) 동시에 반문화적(복음 중심)이 될 수 있을까? 어떻게 문화와 구별되면서도 그 안에 뿌리를 내리고 연결될 수 있을까? 애정이든 조롱이든 오늘날에는 교회를 잊힌 과거의 유물과도 같은 그들만의 언어와 사고 습관을 가진 격리된 특정 집단으로 생각하는 사람이 많다. 교회는 어떻게 게토가 아닌 광장에서 그들과 나란히 설 수 있을까? 그리스도인들과 교회는 비그리스도인들과 마찬가지로 같은 자연 경관을 보며 여행한다. 교회는 그들과 같은 인간 경험을 하지만, 이 여행을 새롭게 이해하고 판단할 수 있게 해주는 해석적 틀을 제공한다. 교회는 우리가 믿고 신뢰하는 것이 참으로 설득력 있다는 비전을 제시한다. 이 세상을 지나는 동안 다른 이들이 이 순례 공동체에 매력을 느끼게 만들 만한 역량을 품고 있는 것이다.

따라서 교회는 바로 "그들의 방법으로 세상을 보도록" 다른 사람들을 초청한다.[28] 이와 같은 사고 과정을 거쳐 결국은 그렇게 실재를 바라보는 능력과 역량을 깨달으리라 믿기 때문이다. 따라서 이러한 상상은 믿음으로 들어서는 입구가 된다. 교회 밖 사람들로 하여금 믿음이 제공하는 인간 존재의 '영광스러운 비전'을 잠시 볼 수 있게 해주는 것이다. 어떤 사람들은 신앙의 진리에 매료되지만, 또 어떤 사람들은 그 결과에서 신앙의 매력을 발견하게 된다.

제자도에서 예배의 위치

앞서 나는 우리의 믿음을 더 깊이 이해하게 하는 것과 얄팍하고 피상적인 이성주의의 함정에 빠지는 것 사이의 긴장에 대해 질문을 던졌다. 이것은 참으로 심각한 과제다. 인간은 자신이 이해하는 정도로 실재를 제한하고, 지성의 감옥에 지나지 않는 빈약하고 불완전한 세계를 세우는 데 아주 탁월하다. 우리는 실재를 이해할 수 있는 대상으로 제한하기보다는, 우주의 광대함과 하나님의 영광을 묵상하여 실재를 바라보는 우리의 시야를 확장시켜야 한다. 우주의 광대함과 하나님의 영광이라는 두 궤도는 하늘이 하나님의 영광을 선포한다고 노래한, 시편 기자의 기쁨에 찬 경축 선언에 잘 녹아져 있다(시 19:1).

자연 과학에서 우리는 종종 인간의 마음이 우주의 광대함과 복잡함을 수용하기에 적합하지 않다는 사실을 직면한다. 이를 인정한 리처드 도킨스도 과학에서 '신비'의 영역이 유효하다는 것을 인지해야 한다고 강조했다.

> 현대 물리학은 아프리카에서 중간 거리를 중간 속도로 움직이는 중간 크기의 물체에 적합하도록 발달한 눈에 보이는 것, 또는 지극히 제한된 인간의 마음으로 보는 것 이상의 진리가 있다고 우리에게 가르친다.[29]

"지극히 제한된 인간의 마음"이 다룰 수 있는 범위로 실재를 제한하는 것은 세상을 소멸시키는 것이다. 오히려 우리는 정신적으로 불편하더라도 우리의 지적인 비전이 확장되도록 도전해야 한다.

신학 세계에도 분명 매우 비슷한 경우가 있다. 곧 하나님의 장엄하심과 영광, 그리고 그것을 온전히 이해하고 표현하기에는 우리가 한없이 부족하다는 표현을 강조하는 예배의 중요성이다. 예배는 그리스도인의 신실한 상상을 표현하고, 동시에 그것을 형성하도록 돕는다. 예배는 하나님에 대해 적절치 못하고 제한된 개념이 지닌 한계를 제거하고, 교회의 경배 행위를 통해 표현되고 드러난 더 위대한 실재를 이해하고 수용하게 한다. 기독교의 예배 관습은 실재를 신학적으로 바라보는 데서 비롯되며, 매우 힘 있고 합당한 방법으로 상상과 감정을 통해 이 비전을 표현한다. 교회 예배는 온전히 이해할 수 있는 역량을 넘어 훨씬 영광스럽고 장엄한 실재를 인지할 수 있도록 우리 마음을 넓힘으로 이 신비를 수용할 능력을 개발시킨다.[30]

오늘날에는 '영광'이라는 단어에 의문을 품는 사람들도 있지만, 우리는 이 단어를 지속적으로 사용하며 존중해야 한다. '영광'이라는 단어는 '무게감', 즉 하나님의 무한한 아름다움과 위대하심을 표현하는 것으로, 우리가 소화하기에는 매우 장엄하다. 따라서 영광은 우리를 압도하는 하나님의 지적 능력과 상상력에 관한 것으로, 인간의 마음으로는 결코 하나님의 본성을 파악할 수 없다는 것을 상기시킨다.

많은 신학자가 브니엘에서 야곱이 수수께끼 인물과 씨름한 사건(창 32:24-32)을 하나님을 제대로 이해하려는 인간의 투쟁에 대한 유비로 해석한 것은 우연이 아니다. 야곱이 상처 입고 패한 채 이 씨름에서 물러선 것처럼 신학자들은 자신의 학문이 지닌 한계를 인정해야 한다. 아마도 신학은 지적인 패배를 덕으로 바꾸는, 몇 안 되는 학문일 것이다. 신학은 인간의 이성이 지닌 한계와, 이성에 지나치게 의존하는 것의 어리석음을 보여 주기 때문이다.

바로 그렇기 때문에 좋은 신학은 우리를 예배로 인도한다. 그런 점에서 좋은 신학은 한편으로 경배하지 않을 수 없고 또 다른 한편으로는 말로 표현할 수 없을 만큼 강렬하고 불가항력적인 하나님의 비전을 대면시킨다. 신학은 우리 마음이 수용할 수 있는 수준으로 실재를 제한하지 않으며, 그렇게 해서 신학적 억측보다는 예배와 경배를 통해 가장 잘 표현되는 하나님의 역사와 임재의 위대한 지평을 의식하게 한다. 헨리 뉴먼(Henry Newman)의 표현을 빌리자면, 신학에 대해 경건하고 영적이며 기도하는 자세로 기독교를 실천할 때 우리는 궁극적으로 신학이 의미하는 바를 (단순히 "개념상으로 이해하는" 것이 아니라) "실제적으로 이해하게" 된다.[31]

결론

이번 장에서 나는 교회의 특별한 역할, 즉 기독교 제자도에 반드시 필요한 신앙 성장을 가능하게 하는 분별된 공동체의 기능을 강조했다. 여기서 설명한 어떤 사상이나 저자들은 지적으로 더 많은 것을 요구하며, 때로는 투명하지 않게 표현되었다는 사실을 나는 인정한다. 그럼에도 그 사상과 인물들은 내가 사고하는 데 많은 도움을 주었기에 당신에게도 도움이 되기를 바라는 마음으로 소개하였다. 이번 장에 요약한 접근법들이 교회 안에서 지성적인 그리스도인의 삶의 질을 더욱 풍성하게 하고, 교회가 인생의 의미와 목적에 관해 다른 여행자들과 설득력 있는 대화를 나누는 데 도움이 될 수 있기를 희망한다.

4장 세상을 보는 또 다른 눈
_책, 그리고 지성의 제자도[*]

> 아라곤의 알론소(Alonso of Arragon)는 오래된 것일수록 좋은 것 네 가지가 있다고 말했다. "오래된 장작이 가장 잘 타고, 묵은 포도주가 가장 맛있으며, 오랜 친구일수록 신뢰할 만하고, 오래된 작가의 글일수록 읽을 만하다."
>
> _프랜시스 베이컨, *Aphorisms and Apothegms*[1]

무슨 말을 할지 생각하다가 르네상스 철학자 프랜시스 베이컨의 이 말이 떠올랐다. 이것은 단순히 밴쿠버 리젠트 대학에 있는 유명 서점에서 오랫동안 매니저로 일한 내 친구 빌 라이머를 높이기 위해서일 뿐 아니라, 기독교 제자도와 관련하여 책이 지닌 폭넓은 중요성과도 관계가 있기 때문이다. 리젠트 대학을 방문할 때마다 나는 복

---

[*] 이 장은 밴쿠버 리젠트 대학에서 오랫동안 유명 서점의 책임자로 일한 빌 라이머(Bill Reimer)를 기념하면서 2017년 학생들과 교수들을 위해 쓴 에세이다. 이 에세이는 리젠트 대학의 교수진과 졸업생들이 출간하는 기독교 사상과 견해에 관한 저널인 〈크룩스〉(*Crux*)에 처음 실렸으나 허락을 받고 수록하였다.

잡하고 변화무쌍한 출판업계와 베스트셀러 세계를 숙고하면서 빌과 함께 보내는 시간을 가장 고대했다. 저자로서 나는 그의 지혜와 통찰을 소중하게 여긴다. 빌은 문화적, 경제적 소용돌이와 변화 가운데서도 리젠트 대학과 캐나다 기독교 공동체에 신학적, 영적으로 중요한 자료들을 제공하면서 서점을 운영해 왔다. 그에게 존경을 표하고 책에 대해 우리가 공유한 열정을 회상하면서, 왜 책이 아직도 중요하며 책에서 우리가 무엇을 배울 수 있는지에 대한 생각들을 나누고자 한다.

***

책은 우리의 마음과 상상을 열어 준다. 다른 사람들이 본 대로 하나님과 세상을 보게 하고, 우리가 발견한 것을 되돌아보게 하기 때문이다. 프랑스의 소설가 마르셀 프루스트(Marcel Proust)는 진정한 발견의 여정은 새로운 땅을 여행하는 것이 아니라 다른 수백 명의 눈을 통하여 우주를 보는 것, 즉 다른 눈을 소유하는 것이라고 말했다.[2] 다른 말로도 표현할 수 있겠지만, 비범한 저자들은 기본적으로 다른 사람이 보지 못한 것을 보고, 자신의 글을 통해 우리에게 사물을 보는 새로운 방법들을 깨우쳐 주고 인식시킨다. 최고의 작가는 자화자찬하는 나르시시즘에 빠져 우리로 하여금 그들을 보게 하지 않는다. 그 자신을 통하여 그가 본 것을 보게 해주고, 그래서 우리로 그들의 경험을 공유하게 한다. 그들은 더 위대한 무언가를 향해 열린 창문이다. 따라서 우리 앞에서 무언가를 본 사람들은 자신 때문에 시야가 가리지 않도록 옆으로 비켜서서 자신이 가리키는 것을 볼 수 있게 해준다.

다른 사람이 본 대로 세상을 보게 해주어서 우리의 한계를 뛰어넘을 수 있다는 생각은 참으로 놀라운 것이다. 사물을 바라보는 그들의 관점은 우리의 관점을 더욱 풍성하게 하거나 우리에게 도전을 던진다. C. S. 루이스가 지적한 대로 이와 같은 문학적 관계는 "개인에게 주어진 특권을 약화시키지 않으면서 그 개인의 상처를 치료해준다." 위대한 서적들을 읽으면서 루이스는 자기 자신으로 남아 있으면서 동시에 자신의 한계를 뛰어넘을 수 있음을 발견했다. "헬라 시인들의 시에 나오는 밤하늘처럼, 나는 수많은 눈으로 보지만 그것을 보는 것은 여전히 나 자신이다."[3] 루이스가 생각할 때 저자는 우리가 감탄하며 바라봐야 할 안경이기보다는, 초점을 잘 맞추어 세상을 더 멀리 볼 수 있게 해주는 안경이다.

루이스의 경우처럼 많은 사람에게 책은 이전에 놓친 것을 볼 수 있도록 우리의 시력을 더욱 선명하게 해주는 관문으로 기능한다. 때로는 우리 생각에 도전하고, 때로는 우리 생각을 다시 돌아보게 하며, 또 때로는 이전에 생각하지 못한 대안을 재고하게 해준다. 이는 루이스가 1920년대 초기에 옥스퍼드에서 영문학에 심취하면서 겪은 경험을 반영하고 있음이 틀림없다. 실재에 대한 다양한 특성을 문학적으로 설명한 내용들을 성찰하면서 루이스는 조지 버나드 쇼(George Bernard Shaw)나 H. G. 웰(Well)과 같은 현대 작가들이 실제적인 삶의 복잡함을 이해하는 깊이가 얕으며 그 역량이 부족해 보인다는 것을 깨달았다. 피상적인 이성주의자들이 수용한 사고방식은 '인생의 험난함과 운명'을 제대로 다룰 수 없어 보였다. 하지만 놀랍게도 당시 무신론자이던 루이스는 조지 허버트와 같은 작가의 글에 "기독교 신화"라고 표현된 것이 "우리가 실제로 살고 있는 인생의 특성을 보여 주는" 매개로 훨씬 탁월해 보인다는 것을 깨달았다.[4] 문학에 대한 루이스의 이러한 애정은 나중에 기독교의 이성적이고 상상적인 매력을 발견하는 데 아주 중요한 역할을 했다. 후에 그가 말한 대로 "여전히 확실한 무신론자로 남고 싶던 젊은이였지만, 그의 독서는 매우 조심스럽고 수동적일 수밖에 없었다. 함정은 어디에나 있었기 때문이다."[5]

나 역시 마법을 깨뜨리고 우리의 세계를 바라보며 거할 수 있는 새로운 방식을 열어 준 책의 역량을 경험한 바 있다. 1960년대 말을 살아가는 많은 젊은이와 마찬가지로 나는 '하나님'이라는 개념을 말도 안 되는 진부한 개념으로 여기고 있었다. 그때는 과거에 전통적으로 '확실하다고 여겨지는 것'이 점점 믿을 수 없고 불안정해지는 지적, 문화적 격동의 시기였다. 열여섯 살 때 나는 자연 과학만이 우리의 지적인 열망을 채워 주고 우리가 품은 가장 심오한 질문들에 답할 수 있다고 확신했다. 과학이 답을 줄 수 없다면, 그 질문은 일단 실제적인 질문이 아니라고 보았다. 게다가 당시에 과학이 무신론을 수용하는 것은 매우 자명한 진리로 여겨졌다. 어떤 사람들은 신이 존재하지 않는 세계를 주장하는 형이상학의 곤궁함을 조롱하기도 했지만, 니체에게서 답을 찾은 나는 무신론을 의미 없음에 대한 담대한 선언이자 지적인 용기와 진실함의 상징적 표지로 보았다.

그 당시 내 미래는 과학을 연구하는 일에 달려 있었다. 적어도 내

겐 그렇게 보였다. 나는 한편으로 아주 흥미로운 직업이, 다른 한편으로 무신론에 대한 지적 확신과 확고함이 나를 인도하리라는 기대에 부풀어 있었다. 1971년 10월부터 옥스퍼드 대학에서 장학금을 받으며 화학을 공부할 수 있게 된 것을 알고 몹시 감격스러웠고, 학교에 있는 동안 모든 시간을 과학 관련 책을 읽는 데 쏟기로 다짐했다.

학교 과학 도서관에서 집중적인 독서를 시작한 지 한 달 정도 지났을 무렵, '과학의 역사와 철학'으로 분류된 낡은 책장에서 먼지 쌓인 책들을 보게 되었다. 당시 나는 역사와 철학에 대한 책들에 의구심이 많았다. 역사와 철학은 자연 과학에 위협을 느낀 사람들이 자연 과학의 확실성과 단순성을 근거 없이 비판한 내용이라고 생각했기 때문이다. 내가 볼 때 철학은 어느 정도 실력을 갖춘 과학자가 잘 계획된 실험을 통해 쉽게 해결할 수 있는 문제들을 향방 없이 사변하는 것일 뿐이었다. 그 책들이 말하는 핵심이란 대체 뭐란 말인가? 결국 나는 그 책들을 처음부터 끝까지 다 살펴보기로 결심했다. 내가 옳다면 그 책들을 읽는다 한들 시간을 낭비한 것 말고 잃을 게 무엇이겠는가?

그 책들을 다 읽고 난 뒤, 나는 이 모든 것을 매우 진지하게 다시 생각해 봐야 한다는 사실을 깨달았다. 거침없는 과학 발전의 자리에 불필요한 장애물을 놓아둔 얼빠진 몽매주의와 달리, 과학의 역사와 철학은 과학적 지식의 한계와 신빙성에 적절한 질문들을 던지고 있었기 때문이다. 그것은 내가 지금까지 한 번도 접하지 못한 질문들이었다. 자료에 근거하여 성립된 이론의 불충분성, 과학 역사에서 일어난 이론의 급격한 변화 현상, '결정적인 실험'을 고안할 때 겪는 어려움들, 주어진 관찰을 '가장 잘 설명하는 것'과 관련된 엄청나게 복잡한 문제 등과 같은 곤란한 현실을 직면할 수밖에 없었다. 그동안 굳건했던 내 생각은 흔들리고 있었다. 전에는 맑고 잔잔하며 무엇보다 아주 단순했던 과학 진리라는 물을 진흙투성이로 만들어 버리는 지적 급류에 휩싸이게 된 것이다.

상황은 내가 생각한 것보다 훨씬 복잡해졌다. 나는 과학에 대한 어린아이 같은 태도의 아름다움과 순진함을 즐기고 있었고, 그 안전한 장소에 은밀히 머물고 싶었는데, 책들이 내 눈을 열어 버린 것이다. 예전에는 당연하게 여기며 자연 과학을 받아들이던 단순한 견해로 이제는 되돌아갈 수 없음을 알게 되었다. 나는 새롭게 거하기 시작한 새로운 세계에서 빠져나갈 수 없었다. 인식론적 순수함을 잃어버렸고, 이제는 꺾거나 단순화할 수 없는 장성한 세계의 전경을 통해 나의 길을 찾아야만 했다. 나는 "확실성이 없지만 주저함으로 무기력해지지 않고 살아 낼 수 있는 길을 가르치는 것이 철학"[6]이라고 한 버트런드 러셀의 제안을 거침없이 무시했었다. 그러나 이제는 그의 말에 담긴 핵심을 알 수 있었다. 그의 말은 나의 단순한 확실성을 바닥부터 뒤흔들며, 좀 더 신중하고 일리 있게 실재와 관계를 맺어야 함을 요구하는 것이었다.

그동안 내가 깨달은 것이 참으로 순진한 과학적 긍정주의였다는 사실만 붙들고 있을 수는 없었다. 이제껏 (신에 대한 질문을 포함해서) 의미 없고 향방 없다고 무시해 온 질문들을 재조명해야 한다는 것이 분명해졌다. 그 책들을 읽었기 때문에 내가 무신론자에서 그리스도인으로 바뀐 것은 아니다. 오히려 그 책들은 무신론이 사실로 입증

될 수 없는 한 종류의 신앙 또는 믿음이라는 것을 깨닫게 해주었다. 과학은 내가 알고 있던 것보다 지적으로 훨씬 가변적이었다. 과학이 늘 무신론을 수반하는 것도 아니며, 그렇다고 다른 종교적 또는 반종교적 사상을 수반하는 것도 아니다. 과학은 그저 그 자체로 존중되어야 하는 것일 뿐이다.

무신론이 일종의 신앙이라면, 단순히 신앙이라는 이유로 내가 과거에 무시한 다른 신앙들도 다시 생각해 봐야 하는 것 아닐까? 옥스퍼드 대학 1학년 때 나는 처음으로 기독교 신앙의 지적인 깊이와 탄력을 이해하기 시작했다. 그 전에 읽은 (앞서 언급한) 책들이 이런 변화를 위한 길을 닦아 준 셈이다. 그 책들은 과학적 무신론이라는 마법에서 벗어나게 해주었고, 더욱 풍성하고 깊이 있게 과학을 생각할 수 있는 방식에 눈뜨게 해주었다. 나는 루이스가 경고한 함정들에 빠져 있었다. 그리고 더 지혜로운 사람이 되어 그곳에서 빠져나왔다.

* * *

믿음이 자라면서 나는 신학을 연구하는 쪽으로 점점 빠져들었다. 기독교 제자도 과정은 사실 우리가 지닌 모든 기능이 연관된다. "네 마음을 다하고 목숨을 다하고 뜻을 다하고 힘을 다하여 주 너의 하나님을 사랑하라"(막 12:30). 우리는 뜻(mind)을 다해 하나님을 사랑하라고, 즉 우리의 믿음을 생각하라고 부름 받았다. 종종 쉽게 오해되기는 하지만 바르게 이해한다면 신학이란 하나님을 바라보는 우리의 생각을 넓히고, 그에 따라 기독교 신앙 중심에 있는 실재에 대해 풍성하고 의미 있는 '큰 그림'을 이해하고 인지하도록 우리의 지적 역량을 확장하는 것이다.

예수 그리스도와 인격적으로 만나고 그 관계가 지속되면서 우리는 자연스럽고 필연적으로 신학에 이르게 된다. 우리는 그리스도의 복음에 빠져들고, 그리스도께서 우리 안 깊숙한 곳에 있는 무언가에 호소하시는 것을 발견한다. 그럼에도 우리는 우리가 발견한 것이 정확하게 무엇인지를 글로 표현하려고 해야 하며, 다른 사람들이 발견한 것이 우리가 경험하고 이해하는 기독교 신앙을 어떻게 더욱 풍성하게 하는지를 물어야 한다. 우리 그리스도인들은 이 세상에서 객이자 나그네, 거류민으로 살아가는 하나님의 백성이다. 우리는 삶의 의미와 영광의 소망에 대한 비전을 공유하고 있으며, 그 비전은 때로 우리가 이슬과 어둠으로 덮인 풍경 속을 걸어갈 때에도 여정을 계속할 수 있게 해준다. 또한 우리보다 앞서 그 길을 걸어 간 사람들은 자신의 지혜와 통찰을 우리에게 전승할 수 있다.

기독교 신앙의 여정을 함께 걷는 동료 여행자들과 대화하면서도 신앙에 관해 많은 것을 얻었지만, 나는 주로 독서를 통해 개인 신앙이 더욱 풍성해지고 깊어지는 것을 경험하였다. 다른 많은 책에 도움을 얻으면서 나는 베이컨의 말이 옳았음을 알았다. '오래된 작가의 글을 읽는 것'에는 특별한 무언가가 있다. 특히 최근에 많이 읽히고 있는 책들이 종종 옛 사상과 접근법을 재발견하거나 재구성한 것임을 보면 더욱 그렇다.

왜 나는 리옹의 이레나이우스, 히포의 아우구스티누스, 알렉산드리아의 아타나시우스처럼 오래전에 죽은 저자들의 글을 읽으며 그토록 큰 즐거움을 느끼는 것일까? 책이 고전이 되는 데는 이유가 있다. 다시 말하면 사람들이 그 책에서 가치와 탁월함을 발견하고 계속 읽으려 하는 데는 이유가 있다는 것이다. 고전 작가들은 '최근 것일수록 더 좋다'는(최근 저작들은 과거의 지혜를 신뢰하지 못하게 하거나 퇴색시킨다는) 단순한 전제에서 우리를 자유롭게 해준다. 최근 책들은 여전히 평가받는 중이다. 어떤 것들은 시험을 통과할 것이고, 또 어떤 것들은 그러지 못할 것이다. 아마도 한 책이 직면하는 가장 큰 도전은 오늘 어떻게 평가되느냐가 아니라 한 세대가 지나고 난 뒤 어떻게 평가되느냐일 것이다. 한 시대가 지나고 나서도 여전히 가치가 있을까? 여전히 기억될까?

아타나시우스의 「성육신에 관하여」(On the Incarnation)나 아우구스티누스의 「고백록」(Confessions)과 같은 기독교 고전은 우리가 갇힌 시간적 편협함이라는 사각지대를 보여 주어 우리의 믿음을 돌아보게 하는 자료들을 제공한다. 또한 그렇게 해서 우리를 과거와 연결시키는 능력도 있다. 고전은 우리 시대와 문화가 직면한 중요한 질문과 문제들을 다른 사람들의 눈을 통해 보게 해서 그동안 지속되어 온 성찰의 전통에 닻을 내리게 해준다. 아타나시우스의 「성육신에 관하여」에 대한 서문에서 루이스가 살펴본 대로 "우리는 우리 마음속에 불어오는 수백 년 된 깨끗한 바닷바람을 유지해야" 하는데, 이는 고전을 읽는 것으로만 가능하다.[7] 옛 책들이 지닌 중요한 한 가지 가치가 있다. 오늘날에는 증명하지 않아도 될 만큼 당연하게 받아들이지만 사실은 문화 상황이 다른 다음 세대에게는 이상하게 여겨질 수 있는 전제를 드러내는 능력이다.

과거에 이상해 보였고 미래에도 이상하게 여겨지리라 예상되는 (그렇게 여겨지기를 바란다) 그럴듯한 전제 하나를 주목해서 살펴보자. 바로 우리가 우리 자신만의 지적이고 도덕적인 세계를 만들 수 있다는 전제다. 어떤 사람들은 자신이 선호하는 신념들로 구성한 '탈진리'(post-truth, 객관적인 사실보다는 개인의 감정이나 신념에 호소하는 것이 더 큰 영향을 끼치는 현상_편집자) 세계를 살면서 이런 세상이 매우 합리적이고 솔직한 것인 양 생각하는 경향이 있다. 우리는 자신의 선입견이나 깊은 욕망에 잘 들어맞는 세계를 만들어 놓고는 자신이 상상하는 확신이 도전받으면 상처를 입는다. 우리가 자신만의 세계를 만들어 우리의 지각을 욕망 아래 예속시킬 수 있다면, 사람들이 '실재'라고 부르는 것을 우리가 무엇 때문에 염려하겠는가? T. S. 엘리엇(Eliot, 1888-1965)은 마치 예언자처럼 우리는 '실재라는 것'을 품을 수 없다고 말했다. 엘리엇은 실재에 대한 왜곡을 염두에 두고 말한 것이지만, 오늘날 많은 현대인은 자신이 직접 만들어 낸 것 말고는 그 어떤 실재도 존재하지 않는다고 여긴다.

탈진리 시대가 지닌 더 불편한 특징이 있다면, 사람들이 다른 공동체와 소통하거나 연관되는 것을 지적인 오염이나 문화적 퇴보로 여겨 스스로 자신만의 공동체에 갇히려는 것이다. 우리는 종종 자기 강화적(self-reinforcing)이고 자기 지시적(self-referential)인 지적, 문화적 거품 속에 살면서 '내집단'의 일원으로서 '외집단'에 있는 사람들을 열등하게 보고 적대시한다. 그렇게 영웅과 악당으로 나뉜 세상에서 자신은 아무 문제 없이 영웅 집단에 속한 일원이라고 여기려 한다. 우리는 '신뢰할 만한' 작가들이 올린 글만 읽고 '검증된' 신문만 읽는다.

혹시라도 다른 사람 안에서 진리를 발견하게 될까 봐, 그래서 '내집단'에서 퇴출되는 망신을 당할까 봐 두렵기 때문이다.

이것이 우리가 책을 읽어야 하는 이유다. 책은 우리로 하여금 더 넓은 세상과 만나게 해준다. 세상을 보는 다른 대안과, 그 안에 존재하는 다른 방법들을 대면하고 판단하게 한다. 책은 잊히고 밀리고 외면당한 관점들을 다시 듣는 자리로 우리를 초대한다. 물론 우리는 불편하거나 잘못되었다고 여겨지는 관점들을 비판해야 한다. 그러나 리처드 도킨스나 크리스토퍼 히친스와 같은 (다행히도 지금은 멀어져 가고 있는 지적 당혹감인) 신무신론의 전형적인 태도처럼 교만한 마음으로 꾸짖어서는 안 된다. 히친스는 종교를 경멸하며 묵살하는 것이 곧 지적인 덕이라고 믿었다. 실제로 그 생각은 편견으로 가득 찬 피상성을 보여 주며, 그가 속한 문화적 내집단의 기준을 생각한다면 그러한 생각은 예상 가능한 것이었다.

자신을 '자유사상가'라고 부르는 사람들은 "말만 무성하고 얄팍한 이성주의"에 스스로 갇힌 자라고 말한 루이스가 옳았다.[8] 책은 새로운 사고방식으로 새로운 세계를 상상할 수 있게 해준다. 신무신론은 우리의 독서 습관을 검열하고 우리의 상상력을 억압해야만 생존할 수 있다고 생각한 듯하다. 루이스와 나는 우리 이전 무신론의 신빙성과 일관성에 의문을 던진 책들을 읽으며 신앙에 이르렀다. 그래서 나는 종종 왜 많은 그리스도인이 변증적 관문으로 문학을 사용하기를 망설이는지 의아하다. 어째서 많은 사람이 17세기 청교도 저자인 리처드 백스터의 피상적인 판단, 즉 문학은 가상적이라서 거짓된 것에 빠지거나 거짓을 권장할 위험이 있다는 말을 여전히 공유하는 것일까? 분명 아직 해야 할 말이 더 남아 있다.

* * *

이쯤에서 우리가 숙고해 봐야 할 상당히 유력한 반론이 제기될 수 있다. "지금까지 한 말이 다 맞는다 해도 왜 하필이면 책입니까? 그 책의 온라인 교재를 사용하는 건 어떤가요? 그것이 같은 정보를 훨씬 편리한 방법으로 전달하지 않나요?" 이것은 충분히 이해되는 반론이다. 같은 내용을 훨씬 현대적이고 간편한 방식으로 얻을 수 있는데, 왜 우리는 책이라고 부르는 두툼한 실물이 필요한가? 우리 삶에서 독특한 위치를 차지하는 책이 계속 있어야 한다고 생각하는 이유를 설명해 보자.

우선, 책을 사면 그것은 내 것이 된다. 젊을 때(그리고 더 가난했을 때) 나는 구입한 모든 책 안쪽에 그 책을 산 날짜, 장소와 함께 내 이름을 적어 두었다. 그래서 끔찍할 정도로 어수선한 책 더미 속에서도 ('도서관'이라고 부르기 힘들 만큼 어질러져 있다) 나는 칼 바르트(Karl Barth)의 「로마서」(*Epistle to the Romans*, 복있는사람 역간)를 1973년 9월 29일에 옥스퍼드에 있는 블랙웰 서점에서 구입한 것과, 토머스 F. 토렌스(Thomas F. Torrence)의 「신학적 과학」(*Theological Science*)을 1979년 6월 2일에 캠브리지에 있는 헤퍼 서점에서 구입한 것을 알 수 있다. 이 책들은 내가 새로운 사상을 발견하여 받아들이고, 그 사상들을 어떻게 내 신앙 여정에 조화시킬지를 고민하게 만든 내 이야기의 일부다. 이 책들은 나의 사고 여정에서 중요한 사건들로, 내가 기독교 신앙을 탐색하면서 저자들을 대화 상대로 초청한 순간들을 보여 준다.

　서재를 둘러볼 때마다 나는 나의 지적 여정, 그리고 깨달음과 변화의 순간을 재구성하는 자신을 발견한다. 어떤 사람들은 충격적이고 파괴적인 습관이라고 부를 수도 있지만, 나는 루이스처럼 마음에 와 닿는 문장에 밑줄을 긋고 가장자리에 (때로는 동의하고 때로는 비판하는) 글을 적는 식으로 저자와 대화하는 습관이 있다. 미관상 흉하긴 하지만 그런 각주들은 그 책을 비판적으로 적용하고 흡수했다는 표지이자, 그 책을 읽은 증거이며, 내가 접한 것에 어떻게 반응했는지를 보여 주는 표시다. 본문을 읽으면서 나는 내 관심을 끄는 것, 내 안에 일어난 질문들, 가끔은 본문에 대한 의문에서 비롯된 새로운 사고를 발견한다. (루이스는 책을 읽으면서 자신이 메모한 것을 구별하기 위해 여러 색의 잉크를 사용하여 여러 번 읽기도 했다.)

　옥스퍼드에 있는 보드레이안 도서관에서 17, 18세기의 옛 책들을 읽다 보면 이전 시대 독자가 줄을 그어 놓은 흔적을 발견하기도 한다. 이미 세상에 없는 독자가 중요하다고 생각한 곳에 토를 달거나 표기를 해놓은 흔적들이다. 따라서 책의 물리적 실재는 그 책의 가치와 독자의 개입을 증명할 수 있다. 루이스의 친한 친구 네빌 코힐(Nevill Coghill)은 가장자리에 토를 달아 놓은 표시를 "지속적으로 발견에 도취된 흔적"이라고 불렀다. 그가 그렇게 부른 것은 본문을 주의 깊게 읽어서 독자의 지적 지평이 더욱 풍성해지고 확장되는 것을 뜻했다. 옛 책들을 대할 때면, 나 이전에 누가 이 책을 읽었을지, 그들은 무엇을 발견했을지를 상상하는 육체적이고 정신적인 즐거움이 있다. '왜 그들은 이 말과 구절에 밑줄을 그었을까?' "'주의하라"(nota bene)는 방주(marginal note) 뒤에는 어떤 사고 과정이 있었을까?'

최근에 나는 그동안 소홀히 다뤄진 스위스의 신학자 에밀 브루너에 관한 연구 논문을 출간했다.[9] 최근의 다른 몇몇 책과 마찬가지로 이 책은 1986년 취리히 대학에서 연구 여행을 하는 동안 브루너를 연구하기 시작해서 25년에 걸쳐 연구하고 사색한 결과물로, 이제야 발표한 것이다. 나는 좀 더 철저한 독서와 주석을 위해 브루너의 출간 문서들을 조금씩 모으기 시작했고, 그의 생각이 발전되는 양상을 이해하고 흡수하기 위해 찬찬히 그것들을 읽어 나갔다. 그중에서도 특히 구하기 어려운 책이 있었다. 「신과 인간」(*Gott und Mensch*)이라는 1930년 저작으로, 개인적 존재에 대한 신학적 측면을 다룬 네 편의 에세이를 모은 책이었다. 2012년 말, 나는 마침내 스위스 서점에서 그 복사본을 발견하고 즉시 주문했다. 며칠 뒤 그 책이 도착했을 때, 나는 특히 '성경적 심리학'에 관한 그의 에세이를 읽게 된다는 기대에 부풀어 설렘과 기쁨으로 소포를 풀었다.

책을 열자 속표지에 그 책 전 주인의 이름이 적혀 있는 것이 보였다. 그 사람은 바로 (나 자신을 포함해서) 많은 사람이 20세기 가장 영향력 있는 성경학자로 여기는 학자이자 1958-1999년에 예일 대학 구약학 교수를 역임한 브레버드 차일즈(Brevard Childs, 1923-2007)였다. '정경비평'(canonical criticism)의 선구자가 소유하고 읽은 책을 내가 가지고 읽고 있다는 사실에 몹시 흥분한 기억이 생생하다. 그것은 브루너나 차일즈와 같은 거장들이 성경과 하나님의 실존과 씨름한 위대한 전통에 나도 속하게 되었다는 것을 상기시켰다. 따라서 책을 늦게 찾은 만큼 그 책을 읽는 기쁨은 더 커졌다. 나중에야 나는 그 책을 읽고 큰 유익을 얻을 수 있었다. 그 책을 읽으면서 내게는 그 책을 읽었다는 사실뿐 아니라 나 이전에 누군가가 읽었다는 사실이 가장 강력하고 감격적인 기억으로 남았다.

또 다른 점을 살펴보자. 책을 읽을 때 나는 책 전부를 읽으려고 한다. 또한 책에서 구체적인 무언가를 찾으려고 한다. 특정 개념에 대한 논쟁이라든지, 어떤 단어의 의미라든지, 특정 개인에 대한 언급과 같은 것들 말이다. 요즘에는 그것을 현대 학계에 필요한 도구를 재빨리 발견해야 하는 사람의 특징이라고 말할지 모른다. 똑똑한 독자는 전자책에서 '검색' 기능을 활용하여 꼭 필요한 부분을 어려움 없이 금방 찾아내는데, 왜 책을 전부 다 읽어야 하는가?

한 가지 분명한 답은 내가 일종의 지적 공룡이라는 것이다. 나는 처음 연구를 시작한 1970년대 상황을 반영하는 경직된 연구 기술을 그대로 활용하고 있다. 따라서 그 말이 틀리지 않다는 사실을 어느 정도 인정해야 할 것이다. 그러나 동시에 꾸준히 늘고 있는 전자식 검색 기능의 약점도 인식해야 함을 제안하고 싶다. 독서 훈련은 그 안에 담긴 논리를 전체적으로 폭넓게 이해하게 해주고, 단어나 어구를 개별적으로 찾을 때는 절대 발견하지 못할 저자의 마음을 들여다 볼 수 있게 해준다. 전자식이 빠르고 쉬울지는 모른다. 그러나 그것은 피상적이고 얄팍한 방식으로, 진지한 학문의 특질을 결정해 줄 본문을 철저하게 지적으로 성찰하는 과정은 회피해 버린다.

C. S. 루이스를 읽든 에밀 브루너를 읽든, 나는 학자로서 그것들을 바르고 신중하게 처음부터 끝까지 읽어야 하는 것으로 부름 받았다고 느낀다. 암시적이든 노골적이든 누군가의 글에서 '큰 그림'을

이해하려면 그 글을 꼼꼼하게 다 읽어야 한다. 학자로서 나는 그 글들에 관심을 가지고 주의 깊게 살펴야 할 의무를 알고 있다. 또한 가치 있는 책들은 그렇게 읽을 때 지적이고 영적인 유익을 준다는 것도 알고 있다. 심지어 리처드 도킨스처럼 결국 비판하게 되리라는 것을 아는 사람의 책일지라도 나는 본문과 문맥에서 떼어 내어 인터넷에 떠돌아다니는 한 토막의 정보에 의존하기보다는 그의 책 전체를 읽으려고 애쓴다.

마지막으로 나는 '뜻밖의 재미'(serendipity)라고밖에 표현할 수 없는 것의 중요성을 말하고 싶다. 즉, 아름다운 문구나 전에는 알지 못한 신선하고 색다른 생각을 예기치 않게 발견하는 것이다. 이런 일은 대학 도서관 책장에서 특정한 책을 찾다가 종종 경험하게 된다. 내가 원하는 책을 찾다가 우연히 그 옆에 꽂혀 있는 (대체로 내가 알지 못한) 책이 같은 주제에 대해 전혀 예상하지 못한 새로운 접근 방식을 열어 주는, 훨씬 흥미로운 내용을 담고 있다는 것을 발견하는 경우다. 최근에 창의성을 연구한 내용을 보면, '우연한' 발견의 중요성을 강조하고 기습적으로 우리를 덮치는 이러한 은혜로운 발견의 순간들을 받아들일 줄 아는 수용력을 증진시켜야 한다고 주장한다. 펙 반 안델(Pek van Andel)과 다니엘 부르시에(Danièle Bourcier)가 최근에 제안한 대로 우리는 새로운 발견과 통찰의 가능성을 극대화하기 위해 눈가리개를 치울 수 있는 역량(*l'art d'enlever des oeillères*)을 개발해야 한다.[10] 물리적으로 존재하는 책들은 도서관 안에서(또는 리젠트 대학 서점에서) 발견되기를 기다리고 있는 귀중한 수집물과 같다.

* * *

　드디어 책에 대한 예찬에서 서점을 운영하는 사람들에 대한 예찬으로 넘어갈 때가 되었다. 자칫 책의 중요성을 강조하다 보면 이 책들을 우리 손에 들어오게 해주는 사람들을 지나쳐 버리기 쉽다. 이번 장을 시작하면서 인용한 프랜시스 베이컨의 제법 화려한 말로 다시 돌아가 보자. 그는 그 말을 통해 오래된 포도주를 발견하는 기쁨을 고백했다. 서점 매니저는 훌륭한 소믈리에와 같아서 신간이든 고전이든 독자의 필요에 맞으며 그들의 정신을 고양시키고 영혼을 배불릴 책들을 추천할 수 있는 사람이다.
　앞서 나는 예전에는 몰랐지만 잘 알려진 다른 책들과 함께 책꽂이에 꽂혀 있어서 내게 발견되길 기다리던 책을 발견한 경험을 이야기했다. 그런데 만일 더 지혜롭고 지식이 많은 안내자가 발견과 탐구의 여정에 함께하면서 내가 책을 찾을 때 내 어깨를 툭툭 치며 "이 책 한번 보세요. 좋아할 겁니다"라고 말해 준다면 어떨까? 최고의 서적 판매원은 책을 사랑하고, 어떤 책을 추천해야 하는지 아는 사람이다. 내가 빌을 극찬하는 이유가 바로 여기에 있다. 리젠트 대학에 있는 신학 서점에 비할 수 있는 곳이 그리 많지 않듯이 빌과 같은 사람도 그리 많지 않다.
　조금 우울한 이야기로 마무리하자면, 출판업계의 미래는 심히 우려스럽다. 특히 지난 20년 동안 종교 출판업계에 나타난 급격한 변화로, 많은 유명 출판사가 합병되거나 문을 닫았다. 그러나 우리는 급변하는 세상에 살고 있음을 기억해야 한다. 우리는 책에 접근하는 방법이나 그것을 읽는 방식, 그리고 책을 만들어 내는 기술 등에서 천지개벽할 격동을 경험하고 있다. 아마도 중세 시대 사본 필사자들도 자신의 생업과 직업에 대혼란을 일으킬 수 있다는 두려움 때문에 요하네스 구텐베르크의 새로운 인쇄술 발명에 엄청 긴장했을 것이다. 변화는 언제나 부정적인 면과 함께 긍정적인 면을 지니고 있다. 우리가 지나치게 두려움에만 초점을 맞춘다면 이러한 변화들이 가져다줄 기회를 보지 못할 수 있다.

미래의 종교 출판계가 어떻게 될지 모르지만, 나는 지성의 삶(하나님을 바라보는 우리의 관점을 확장시키고 기독교 신앙의 현실을 확실하고 온전히 이해해야 할 필요)이 중요하다는 것은 확실히 알고 있다. 우리는 우리에게 정보를 주고, 권면하며, 영감을 주고, 도전할 만한 (과거와 현재의) 사람들의 지혜를 만날 수 있어야 한다. 종이 책이 얼마나 오랫동안 우리 곁에 있을지 잘 모르겠다. 하지만 미래가 어떻게 변하든 우리는 과거에 많은 사람을 지켜 준 기독교 서적들의 푸른 초장으로 다른 사람들을 인도해 줄 빌과 같은 사람들이 필요하다. 그리고 그런 사람들이 미래에도 존재하리라고 믿는다. 많은 사람에게 빌은 신앙의 지혜로 나아가는 관문이었다. 나 자신을 포함하여 많은 사람에게 지혜로운 역할을 잘 감당해 준 그에게 기쁜 마음으로 찬사를 보낸다.

5장 발코니와 길
_기독교 제자도를 이해하기 위한 틀*

제자도는 그리스도인의 삶에서 매우 중요한 부분이다. 이번 장에서는 기독교 신앙 안에서 자라 가는 과정을 어떻게 이해해야 하는지(좀 더 나은 표현으로는 '어떻게 상상해야 하는지')를 생각해 보고 싶다. 우리의 신앙을 성숙하게 하고 다른 사람들도 그렇게 되도록 도와줄 수 있는 방법을 모색하는 데 도움이 되는 틀은 무엇인가?

이 중요한 질문을 생각하는 데 도움을 준 글을 몇 년 전에 우연히 발견하였다. 영국 성공회 지도자이자 신학자인 윌리엄 템플의 말이다. "신앙은 교리적 명제에 마음으로 동의하는 것뿐 아니라 신실하신 창조주이자 자비로운 구속자의 손에 우리 자신 전체를 맡기는 것이다."[1] 여기서 템플은 신앙의 두 가지 중요한 요소, 곧 기독교 믿음을 이해하고 탐구하는 것과, 하나님과 그리스도를 향한 우리 각자의

---

* 이 장은 2017년 11월 5일 홍콩 대학에서 그리스도인 교수들과 나눈 대담에 기초한 것이다.

헌신을 증진하고 깊게 하는 것을 강조한다. 우리는 믿음을 생각하고 그 믿음을 우리가 살아가는 현실에 흡수시켜 우리 것으로 만들도록 부름 받았다. 내 생각에는 이것이 바로 덴마크 철학자 쇠렌 키르케고르가 "가장 열정적인 내적 본질을 사유화하는 과정"이라고 한 말의 의미다.[2] 우리는 단순히 바깥에서 별 관심 없이 들여다보는 외부 관찰자가 아니라 기독교 신앙의 진리 안에 거하며 살아야 한다.

***

그렇다면 신앙 안에서 자라 가는 과정에 관한 생각을 돕기 위해서 우리는 그리스도인의 삶을 어떻게 보아야 할까? 나는 우선 프린스턴 신학교 총장으로 재임 당시에 신학자 존 맥케이(John Mackay, 1889-1983)가 '발코니와 길'이라는 두 가지 핵심 이미지에 초점을 맞추어 개발한 틀을 생각해 보고 싶다. 맥케이는 「기독교 신학 서론」(*Preface to Christian Theology*, 1941)에서 이 두 이미지를 언급했다.[3] 그는 그 서론에서 "삶에 의미를 되찾아 주고", "모든 삶과 사고를 세워 줄 기초를 다시 확립"한다는 관점에서 기독교 신학의 중요성을 재평가하였다. 물론 그 배경은 '새로운 시대'에 대한 인류의 꿈을 산산조각 낸 제2차 세계 대전이다.

맥케이는 그리스도의 첫 제자들과 마찬가지로 우리는 엠마오로 가는 길에서 우리 자신을 발견한다고 말한다. 우리는 "저 너머에서 들려 오는 음성을 듣고 싶어 하고 그 얼굴의 윤곽을 보고 싶어 한다."[4] 우리는 목적지에 도달하거나 좀 더 성숙하고 나은 사람이 되기 위해 투쟁하면서 적군의 세상을 지나는 여정을 거치고 있다. 맥케이는 우리가 믿음 안에서 자라기를 원한다면, 바른 관점에서 우리 자신과 우리의 여정을 보아야 한다고 주장한다. 인간이 이 세상에서 삶을 제대로 보고 의미 있게 살도록 해줄 두 가지 관점이 있다고 맥케이는 보았다. 하나는 '발코니', 다른 하나는 '길'이라고 불렀는데[5] 둘 다 '영혼의 상태'를 가리키는 상징이다.

인생의 의미를 찾아가는 독특한 태도를 설명하기 위해 맥케이가 이 두 상징을 선택한 이유를 이해하려면 그의 배경을 살펴보아야 한다. 맥케이는 오랫동안 라틴 아메리카의 기독교에 깊은 관심을 가지고 있었다.[6] 1915년에 마드리드에서 스페인어를 배운 그는 페루에서 선교사로 사역하기도 했다. 마드리드에 머무는 동안, 맥케이는 종종 스페인인 가족들이 발코니에 모여 길에서 일어나는 혼잡한 광경을 구경하는 모습을 볼 수 있었다. 그의 설명에 따르면 "발코니는 스페인 가옥 위층 창문에 돌출되어 있는 작은 플랫폼으로, 나무나 돌로 되어" 있으며, 집 안에 있는 사람들은 길에서 벌어지는 모든 일을 그곳에서 볼 수 있었다. 즉 발코니는 관찰하려는 것을 멀리서 볼 수 있는 관측소였다.[7]

맥케이는 이처럼 거리를 두고 '발코니에 있는 존재'를 길 위에 있는 삶의 존재와 대조한다. "길이라고 하는 것은 치열한 삶이 있고 갈등과 관심 가운데 사상이 생겨나고 선택과 결정이 일어나는 곳을 뜻한다."[8] 맥케이에게 교회와 성도는 이 길에서 순례자의 삶을 살아가고 있었다. 그리스도인은 외로운 여행자가 아니라 진리와 의미를 찾길 바라고 소망하며 함께 그 길을 가는 사람이다.[9]

맥케이가 말하고 싶은 것은 기독교 제자도는 길에서 일어난다는 것이다. 발코니는 하나의 이상(idealization)이며, 실제로는 결코 이룰 수 없는 지적 열망일 뿐이다. 그곳은 탁상공론을 일삼는 철학자들이 사랑하는 상아탑이다. 과거의 철학자들은 하나님의 눈으로 보는 신적 관점을 소유하는 것과, 그래서 모든 것을 선명하고 독특하게 보는 것이 가능하다고 믿었는지 모르겠다. 하지만 지금 우리는 우리 자신을 역사 과정에서 분리할 수 없음을 알고 있다. 우리는 역사가 어디로 흘러가는지, 그 안에서 우리의 위치가 어디인지를 판단하기 위해 멀찍이 떨어져 서 있을 수 없다. 역사 과정 속에 있으면서 답을 찾아가야 하는 것이다.

맥케이가 보기에 그리스도인은 길 위에 있는 존재이며, 실재를 바라보고 이해하는 데 그 길은 한계가 있음을 인정하고 받아들여야 한다. 그리스도인은 자신이 볼 수 있는 한계점인 지평선 때문에 실재의 '큰 그림'을 볼 수 없다. 그들은 발코니에 올라가서 '큰 그림'을 보고 싶을 것이다. 그러나 그곳은 그들이 선택할 수 있는 곳이 아니다. 우리는 이 여정을 지나는 동안 우리 상황을 조명해 주고 그렇게 해서 우리로 더 나은 사람이 될 수 있도록 도와줄 지식을 추구하는 사람들이기 때문이다. 따라서 맥케이에게는 관심에서 비롯되어 '헌신으로 완성된' 것이 아니고는 '궁극적인 것에 대한 참된 지식'이란 존재하지 않는다.[10] 이는 그리스도인의 삶에서 이론적이라기보다는 실제적이라고 할 만한 질문들을 불러일으킨다. 곧 "어떻게 하면 내가 되고자 하는 사람이 될 수 있을까?", "하나님을 어떻게 알 수 있을까?", "어떻게 우주의 목적에 적합한 사람이 될 수 있을까?" 등의 질문들이다. 그리스도인은 길 위에 있으면서 그 길 위로 올라갈 가능성이 없음을 아는 여행자다.

기독교 제자도를 생각하는 데 이 틀은 오랫동안 큰 도움이 되었다. 맥케이는 나로 하여금 믿음 안에서 자라 가는 것을 '지혜를 축적한다'는 관점으로 생각하게 해주었다. 그것은 이 길을 가면서 나 자신을 (하나님의 은혜로 이 땅에서 주어진 조건 아래 가능한 한) 더 나은 사람으로, 이 세상을 더 나은 세상으로 만들 수 있도록 나를 지탱해 주었다. 맥케이는 인간이 상황을 지나치게 우아하게 인지하여 받아들이는 비극을 지적한다. 그래서 그는 우리로 하여금 우리 상황이 지닌 한계를 인정하고, 혼란하고 복잡한 이 세상은 인간의 이성으로 분석할 것이 아니라 하나님의 계시에 비추어 볼 때 가장 잘 조명된다는 것을 깨닫게 한다.

맥케이의 틀이 도움이 되는 또 다른 이유가 있다. 바로 내가 배운 바 기독교 제자도 과정에 꼭 필요한 영적 멘토들을 위한 개념적 공간을 만들어 주기 때문이다. 멘토는 우리와 함께 길을 걸으며 자신이 그 길에서 얻은 지혜를 나누어 주는 사람이다. 멘토는 가상의 발코니에 서서 지혜라고 할 만한 것을 높은 곳에서 나누어 주는 사람이 아니다. 함께 길을 걸어가면서 자신이 얻은 지혜를 다른 사람에게 나누어 주는 믿음의 순례 공동체의 일원이다. 제자도는 이 길을 몇 발자국 앞서 걸어가는 사람을 찾아 그를 따라가는 것이다. 언제나 그런 것은 아니지만 멘토는 자신의 지혜를 젊은이들과 나누는 나이든 어른들(older people)일 때가 많다. 이 멘토의 개념을 좀 더 구체적으로 생각해 보자.

***

참으로 매력적인 프랑스의 종교 작가로 프랑수아 페넬롱(Francois Fénelon, 1651-1715)이 있다. 그는 가톨릭 주교로서 신학자이자 시인이었다. 나는 그의 '영적인 서신들'을 읽으면서 많은 도움을 얻었지만 가장 잘 알려진 그의 저서는 1699년에 무명으로 처음 출간한 「텔레마쿠스의 모험」(Adventures of Telemachus)이다.[11] 널리 알려진 이 작품은 '태양왕'이라고 불린 루이 14세의 귀족 통치를 얇은 베일로 가리듯 은근히 비판한 책이다. 이 책 때문에 루이 14세는 페넬롱을 베르사유 궁전에서 쫓아내어 프랑스 북동쪽에 있는 캉브레(Cambrai) 교구에 가두었다. 호메로스의 「오디세이」에 있는 한 내용을 창의적으로 연구하고 발전시켜 전개하는 형식을 취한 이 책은 오디세우스와 페넬롭의 아들인 텔레마쿠스가 교육 여정에서 스승인 멘토(Mentor)와 동행하면서 얻게 되는 교육 이야기를 다루고 있다.

호메로스가 멘토를 별로 도움이 되지 않는 노인으로 소개한 반면, 페넬롱은 외적으로 노인이지만 사실은 지성이 깊은 지혜의 여신 미네르바(Minerva)가 변장한 인물로 그를 소개한다. 페넬롱에게 멘토는 자신의 배움을 내면화시켜 텔레마쿠스와 같은 젊은이에게 지혜를 전달해 주길 바라는 노인으로, 지혜와 사고의 전형이다. 페넬롱에게 멘토는 상당히 오랜 시간에 걸쳐 지혜를 축적해 놓고, 함께 탐구와 발견의 여행을 하는 젊은이 텔레마쿠스에게 지혜와 통찰, 위로의 원천이 되는 사람이다. 멘토는 텔레마쿠스에게 구체적인 기술을 가르쳐 주지 않는다. 그러나 창의적이고 인간적인 존재로 자랄 수 있도록 도와준다. 멘토는 다르게 생각할 수 있도록 도전하고, 다른 관점에서 볼 수 있도록 눈과 마음을 열어 주어 젊은이의 인격을 형성해 준다.

세대에 걸쳐 지혜를 전달한다는 생각은 중요하다. 이것은 특정한 권한을 가진 사람이 자신의 보호 아래 지혜를 전하는 목적으로 행하는 '개인 지도'라는 개념과 구분되어야 한다. 오늘날 '멘토'라는 용어는 대부분 호메로스와 페넬롱이 말하는 의미를 잃고, 종종 개인 지도와 동등하게 사용된다. 이제는 멘토가 문학적인 인물이며 '멘토'라는 용어가 단순히 특정 기술을 가르치는 역할을 하는 사람이라는 뜻으로 통용된다는 것을 아는 사람은 거의 없다.

어떤 그리스도인들은 멘토의 사상이 세속 문화에 근거를 두고 있기 때문에 기독교 역사에서는 보기 어렵다는 우려를 표하기도 한다. 그러나 페넬롱은 세대를 이어 기독교의 지혜를 전승하는 데 깊은 관심을 가지고 있었으며, (호메로스와 달리) 이 과정에서 본이 되는 역할을 감당하는 인물이 멘토라고 소개했다. 페넬롱은 멘토와 텔레마쿠스가 함께 여행하는 동안 나누는 대화가 어떻게 이 젊은이를 도와 덕과 통찰을 개발하게 하는지를 보여 주어서 젊은 텔레마쿠스의 경험 없음과 단순함을 더 나이든 멘토의 지혜와 대조시킨다.

그렇다면 페넬롱이 발전시킨 멘토의 개념은 우리가 기독교 제자도라고 알고 있는 '믿음과 지혜 안에서 성장하는 과정'에 어떤 도움을 줄까? 이제 내 개인적인 경험을 나누려고 한다.

***

1971년에 기독교를 발견하고 난 뒤, 나는 그동안 내가 받아들인 것들을 이해하느라 갈등을 겪었다. 초보 기독교 제자로서 내가 겪은 어려움들은 단지 신앙의 기본 사상들뿐 아니라 그 사상들을 정리해 놓은 신조들 때문이기도 했다. 나는 자연 과학을 사랑했고, 한때 과학과 종교적 신앙은 철저하게 대치되기 때문에 진정한 과학자는 종교적 신자가 될 수 없다고 생각했다. 나는 이 믿음의 여정이 나를 어디로 데려갈지 확신할 수 없었다. 내 마음에 다른 방을 만들어 과학의 영역과 신앙의 영역을 완전히 분리시켜서 서로 융화될 수 없는 긴장의 가능성을 애초에 피해야 하는가? 아직 내가 모르지만 더 큰 전체의 부분들로 과학과 신앙을 볼 수 있게 해줄 또 다른 지적 선택들이 있는 것일까? 그렇다면 누가 나에게 이 다른 선택들을 소개하고, 나아가 가르쳐 줄 수 있을까?

옥스퍼드에는 자연 과학 분야에서 일하는 학생이 많았다. 그러나 대부분은 내가 소중하게 여기기는 하지만 실제로 받아들이기에는 쉽지 않은 접근 방식을 취하고 있었다. 나는 모든 진리가 하나님의 진리라고 들었다. 그렇다면 과학적 진리와 기독교 신앙의 진리는 일치하지 않을 수 없었다. 과학과 신앙 사이에 긴장이 있는 것처럼 보이겠지만, 그 긴장은 실제라기보다 외형적인 것일 뿐이었다. 한편으로 생각하면 나는 이러한 접근 방식이 지닌 장점을 볼 수 있었지만, 내게 그것은 절망스러울 만큼 추상적이고 개념적이었다. 내게는 그것과는 다른 도움이 필요했다.

결국 이 난관은 선배로서 자신의 생각을 나누어 준 지혜로운 한 사람을 통해 나의 사고가 한층 올라서면서 해결되었다. 옥스퍼드에서 첫 이론화학 교수였던 찰스 쿨슨(Charles Coulson)은 내가 워덤 칼리지(Wadham College)에서 공부할 때 그 대학 선임 연구원이었다. 회심하고 1년 즈음 지났을 무렵, 나는 당시 감리교 평신도 설교자로 유명하던 쿨슨이 워덤 채플에서 자연과 신앙의 일관성을 주제로 설교한다는 소식을 들었다. 그의 설교를 듣고 정리한 지적인 틀은 내 문제들을 근본적으로 해결해 주었고 훨씬 멀리 볼 수 있게 해주었다. 그 후 나는 과학과 신앙의 일치성과 관련하여 쿨슨과 이야기를 나누며 그의 생각을 더 많이 들을 수 있었다.[12] 이때 나눈 대화는 지금까지도 내 생각에서 중요한 부분을 차지한다.

쿨슨은 나에게 멘토가 되었다. 나의 전공 주제가 양자 이론인 것을 알고 그는 그 주제에 관해 워덤 칼리지에서 자신이 주최한 연례 콘퍼런스에 참석할 수 있도록 초청해 주었고, 나는 그곳에서 그 분야의 최근 동향을 배울 수 있었다. 그가 강연한 주요 주제 중 하나는 '틈새의 신'(a god of gaps)이라는 사상은 배척되어야 한다는 것이었다. 그곳에서 쿨슨은 과학적 과정과 그 성공을 꿰뚫어 보는 동시에, 과학에 의해 의문이 제기되었지만 과학이 답변할 수 있는 역량을 초월하는 더 큰 이야기를 주장했다. 곧 실재를 바라보는 선명한 관점을 말하는 기독교적 '큰 그림'이다. '큰 그림'이라는 이 개념은 기독교 신앙에 관한 나의 핵심 사상이며, 지금까지 나의 연구와 저술에 영향을 주고 있다.

쿨슨이 없었다면 내가 그런 접근법을 발견할 수 있었을까? 아마

그랬을 수도 있다. 그러나 쿨슨은 단지 자신의 생각을 이해하도록 나를 도왔을 뿐만 아니라, 자신의 생각을 구체적으로 나타냈다. 다시 말해 과학과 신앙에 대한 자신의 견해를 형성하여 확실하게 자신의 일부로 만든 것이다. 몇 년 전, 지금은 주로 원자 폭탄의 아버지로 기억되고 있는 물리학자 J. 로버트 오펜하이머(Robert Oppenheimer, 1904-67)의 자서전을 읽었다. 그 책에서 오펜하이머가 툭 던지듯이 한 말이 내 마음에 오래 남아 있다. "정보를 전하는 가장 좋은 길은 그것으로 사람을 감싸는 것이다."[13] 특정 사상으로 이루어진 사람이 없다면, 그 사상은 그저 추상적으로만 남을 뿐이다. 사상의 의의를 파악하려면 그것이 누군가의 생각과 행동, 세상을 보는 방식에 어떤 차이를 가져다주었는지 보아야 한다.

멘토는 권위적인 인물이 아니라 우리가 존경하고 신뢰할 수 있는 사람이다. 영적으로 우리는 하나님을 사랑하고 다른 사람을 사랑하는 것이 실제로 어떤 것인지 우리에게 본이 되어 줄 사람이 필요하다. 지적으로 우리는 자신의 기본적인 믿음을 보여 주는 외적 틀과, 나아가 그 틀을 실천하여 행동으로 옮기는 사람이 필요하다. 교실에서 일어나는 일이 아닌, 길에서 일어나는 여정으로 여길 때, 제자도를 가장 잘 이해할 수 있다. 제자도는 관찰, 모방, 실수에서 배운 것, 습관과 기술의 형성을 통해 그 길 위에서 관계적으로 일어난다. 또한 동료 여행자들이 어떻게 성경을 이해하고, 이해한 바를 어떻게 인생의 불확실성과 연결하는지 들으면서 그들과 함께 실천을 공유하고 협력하는 것을 통해 같은 그 길 위에서 지적으로 일어난다.

다른 좋은 멘토와 마찬가지로 쿨슨은 자신이 믿는 것을 삶으로 구체화했고, 나는 그를 한 인간으로 알아 가면서 그의 사상이 지닌 의미를 이해할 수 있었다. 1974년, 그는 암으로 세상을 떠났다. 그를 좋아한 것에 비해 그를 잘 안 것은 아니지만, 짧았던 그와의 만남은 과학과 신앙의 관계를 이해하는 그의 방법을 이해하고 받아들이기에 충분했다. 쿨슨의 책에 표현된 생각들은 그의 삶에서 구체화되었다. 나는 그에게 보고 들으면서 배우는, 대가의 수습생과 같았다고 볼 수 있다.[14]

이것이 바로 내가 C. S. 루이스나 그밖에 다른 기독교 전문가들의 자서전 읽기를(그리고 때로는 쓰기를) 즐기는 이유다. 그들은 신학적 사상이 깊은 성찰 과정을 통해 어떻게 우리 삶의 모습을 형성하는지 이해하도록 도와준다. 이 저자들은 이미 그 길을 여행한 사람들로, 자신의 지혜를 전해 준다. 그들은 항상 새로운 방식으로 사물을 보고 신선하게 접근해 보도록 초청하여 나의 판단에 도전한다.

물론 내가 멘토로 알았다면 좋았겠다 싶은 사람들도 있다. 애석하게도 나는 과거의 위대한 저자들을 결코 만나지 못할 것이다. 세 명의 이름만 언급하자면, 히포의 아우구스티누스, 알렉산드리아의 아타나시우스, 마르틴 루터와 같은 사람들 말이다. 나는 그들과 함께 길을 가면서 그들의 사고 습관과 기도, 예배에 관해 이야기를 나눌 수 없다. 그러나 그들의 책은 읽을 수 있다. 멘토가 실제로 곁에 있는 것과는 비교도 안 되겠지만, 책은 그들의 사상들을 흡수하고 그들의 지혜에서 유익을 얻을 수 있도록 도와준다. 비록 세상을 떠났지만 그들은 여전히 용기를 북돋고 자극하며 우리에게 말을 건네고 있다.

나는 책이 우리 삶을 변화시키고 풍성하게 해주는 아주 중요한 역량과 함께 특별한 멘토링을 제공해 줄 수 있다고 생각한다. 내 믿음이 아직 초기였을 때 소중한 사람과 나눈 대화가 중요했다는 것을 나는 기꺼이 인정한다. 초기에 쿨슨과 나눈 대화들이 내 사고에 새로운 길을 열어 준 것은 사실이지만, 현실에 대한 정신적 지도를 더 깊고 넓게 해주어 내 사고를 강화시킨 것은 그 이후에 만난 책들이었다.[15] 나이가 들면서 전보다 더 책에 의존하는 나 자신을 발견한다. 최근에 내가 신앙적으로 어느 정도 더 성장한 것은 새로운 사상들을 받아들여서라기보다 이미 독서를 통해 알고 있던 내용, 즉 다른 여행자들이 자신의 여정 가운데 이해하고 적용한 사상들을 더 깊이 이해해서라는 것을 알기 때문이다.

* * *

이제 이번 장을 마무리하면서 서두에 소개한 '발코니와 길'이라는 틀로 다시 돌아가 보자. 당신은 발코니에 있길 희망하겠지만 안타깝게도 우리는 모두 길 위에 있다. 그러나 우리는 서로 격려하고 도전하며 신뢰의 관계를 만들어 가는 사람들과 함께 이 여행길을 걸어가고 있다. 우리는 끝내 목적지에 도달하리라는 생각으로 자기 자신에게 동기를 부여하며 새 예루살렘을 향해 걸어가는 여행객이다. 이 시간을 기독교의 큰 그림에서 비롯된 행동과 생각의 습관을 기르는 준비 시간으로 여길 때, 우리는 지혜롭게 여행할 수 있다.

    제자도 과정에는 마음과 영혼을 넓히는 일이 포함된다. 이 여정에서 알게 된 책들을 읽고 함께 길을 걷는 다른 여행자들과 대화하면서 자극받고 확대된 기독교 신앙을 더 깊이 이해할 때 그 일이 일어난다. 제자도 과정은 이 여정을 개인적이고 영적인 성장 과정으로 이해하는 나그네 된 하나님의 백성들이 각자 습득한 경험과 지혜를 공유하면서 자라 가는 것이다.

또한 우리는 멀리 떨어져 있는 방관자가 아닌, 슬플 때나 기쁠 때, 심지어 인생에서 가장 힘든 순간을 지날 때에도 우리와 함께하시는 살아 계신 사랑의 하나님과 동행한다. 이러한 통찰은 인간이 되신 하나님, 우리가 이 세상을 지나는 동안, 아니 마지막 순간까지도 우리와 함께하시는 하나님이신 예수 그리스도를 설명하는 기독교의 성육신 교리를 통해 더욱 견고해진다. 맥케이의 「기독교 신앙 서론」을 언급하면서 이번 장을 시작했듯이 그가 한 말로 마무리하고 싶다. "엠마오로 가는 길이 여전히 우리의 길이라면, 이미 이 길을 걸어가신 위대한 동행자께서 여전히 그 길을 걸으며 석양의 때를 지나고 있는 순례자들을 새로운 동녘의 영광까지 인도하실 것이다."[16] 맥케이가 우리에게 상기시키는 것처럼 우리는 그저 다른 사람들과 함께 여행하고 있는 것이 아니다. 소망 중에, 즉 하나님의 은혜 가운데 언젠가는 더 나은 곳에서 더 나은 사람이 되리라는 소망을 품고 이 여정을 가고 있다.

2부

지혜로 성장하다_ 실천자들

6장 도로시 세이어즈
_창의적 지성으로 세상을 이해하다*

인간의 본성이 지닌 가장 독특한 특징은 이상하고 의아하게 보이는 주변 세상을 이해하고자 애쓰는 열망을 본디부터 품고 있다는 것이다. 우리는 자연 세계를 이치에 합당하게 이해하고 설명하려는 자연과학에서 이러한 열망을 엿볼 수 있다. 자연 현상을 논리적으로 일관되게 설명하려는 과학적 시도를 표현한 '명료함'을 강조하는 데서도 이런 열망이 잘 나타난다.[1] 그러나 우리는 가장 그럴듯한 설명이 사실은 자연 과학 영역 너머에 있음을 발견했다. 예를 들면, 기독교에서 (지배적인 주제는 아닐지 모르지만 실재를 바라보는 전반적인 관점이라는 중요한 측면에서) 그 설명을 찾아낸 것이다. 내 생각에 기독교 신앙의 이러한 측면을 설명하고 적용하는 것은 지성의 제자도에서 아주 중요하다.

철학자 키스 옌델(Keith Yandell)은 신앙의 이러한 측면을 다음과 같

---

* 이 장은 2016년 11월 29일 런던 그레셤 칼리지(Gresham College)에서 한 공개 강의에 기초한 것이다.

이 잘 설명했다.

> 종교란 일종의 개념 체계로, 세상과 그 안에 있는 인간을 해석하고, 주어진 해석 안에서 어떻게 살아야 하는지를 이야기하는 근거가 되며, 일정한 예식과 제도, 실천을 통해 그 해석과 삶의 방식을 표현하는 것이다.[2]

인간의 의미를 찾는 데 종교의 중요성을 강조하는 종교 심리학자들은 아마 이 점을 더욱 강조할 것이다.[3] 종교는 우리의 경험과 상황을 설명하는 데 도움이 되는 종합적이고 통합적인 의미의 틀을 제공할 수 있다. 또한 개인으로 하여금 자신의 경험을 초월하여 더 위대한 무언가와 연결되도록 돕는 길을 제시할 수 있다.[4]

물론 실재를 이해하는 것은 단순히 사물을 설명하는 수준을 넘어선다. 예를 들면 사물들이 서로 어떻게 연결되어 관련을 맺고 있는지 다루는 일관성과 관련된 개념은 어떠한가? 많은 사람이 이러한 일관성 추구를 특정한 종교적 의제와 연관시키려 할 것이다. "삶을 조명해서 온전하게 하는 것이 우리가 종교에 요구하는 첫째 사항이다."[5]

그렇다면 사물을 어떻게 이해할 것인가? 과학자에게 가장 중요한 일반적 접근은 귀납적 접근으로, 경험적 관찰에 근거해서 발견된 일반적이고 보편적인 유형을 통해 구체적인 것을 일반화하는 것이다.

19세기 미국의 위대한 실용주의 철학자 찰스 퍼스(Charles Peirce)는 귀추법(abduction. '상정 논법', '가추'라고도 한다_편집자)이라고 부르는 과정이 과학적 사고의 기본 원리라고 주장했다. 이는 다른 관찰에서는 보이지 않을지라도, 관찰한 것을 그럴듯해 보이게 만드는 지적 유형을 찾으려는 시도다. 귀추법이란 '설명이 가능한 가정을 만들어 가는 과정'으로 이해할 수 있는, 연역적이지 않은 일종의 추론이다. 아마도 가장 중요한 것은 이 과정이 무작위적인 사실들의 모음이 아니라 '논리적 활동'이라는 것이다. 퍼스는 이것이 한 가지 유형을 밝혀내어 모든 관찰을 연결하는 '새로운 사상'을 소개한다고 주장했다.[6]

퍼스는 우리에게 이론과 설명을 만들고 난 후에 그것들이 그 이론의 증거들을 얼마나 잘 수용하는지 살펴보라고 권한다. 귀추란 설명적 가설을 임시로 채택하는 것으로, 개념과 설명과 이론을 만들어 내기 위한 지적 전략이다. 따라서 우리는 관찰을 통해 그 이론을 확인해야만 한다.[7] 퍼스가 이해하는 대로 귀추란 이후 실험을 통해서 가장 잘 설명될 것 같은 추론을 만들어 내는 일종의 '탐색 전략'이다.[8] 퍼스가 볼 때 이런 종류의 사고를 보여 주는 가장 좋은 예는 자연 과학에서 찾아볼 수 있다. 물론 의학적인 처방이나 탐정 소설에서도 이런 사고 유형이 발견된다.[9] 관찰은 본질적으로 우리의 세계 내면에서 작동하고 있는 더 깊은 의미를 찾는 단서가 된다.

이 모든 것은 우리가 탐정 소설을 좋아하는 이유를 이해하는 데 도움이 된다. 아서 코난 도일(Sir Arthur Conan Doyle)이나 애거사 크리스티(Agatha Christie), 레이먼드 챈들러(Raymond Chandler), 도로시 L. 세이어즈는 무수히 많은 미스터리 살인 사건들을 독자 눈앞에서 해결해 주면서 많은 관심을 얻고 명성을 쌓았다. 우리는 셜록 홈즈나 필립 말로, 피터 윔지 경, 제인 마플 같은 가상 탐정들의 사건에 심취한다. 이 소설들에서 저자들은 증거와 관찰들을 능숙하게 수집하여,

감춰져 있지만 일리 있어 보이는 유형을 찾도록 우리를 도전한다.

도로시 세이어즈(1893-1957)는 그가 기독교 신학에 관심을 가지기 전까지 영국 범죄 소설의 황금기에 가장 널리 읽힌 작가였다. 세이어즈는 인간이란 삶에서 '유형'(pattern)을 탐색하는 존재라고 보고, 피터 윔지가 등장하는 탐정 소설뿐 아니라 자신의 종교적 저술에서도 그 주제를 설명하려 애썼다. 우리가 관찰한 것을 가장 잘 설명하는 것을 어떻게 찾을 수 있을까? 세이어즈는 복잡한 인생을 빈틈없이 분석하는 사람으로, 인간이 왜 그렇게 삶의 의미에 집착하는지, 왜 그토록 복잡한 문제(그것이 『향연의 밤』Gaudy Night, 도로시 세이어즈가 1935년에 쓴 소설_ 옮긴이)에 등장하는 살인자의 정체에 관한 것이든, '인생의 의미란 무엇인가?'와 같은 궁극적 질문이든)를 풀길 좋아하는지에 관해 풍성하고 그럴듯한 이야기를 제공한다.

세이어즈는 자신의 탐정 소설을 지적 수수께끼들을 풀 방법을 가리키는, 사건들 안에 숨겨진 유형을 찾아내는 것으로 여겼다. 세이어즈는 1940년 프랑스에 방송하기를 제안한 한 강의에서 이 주제를 발전시켰다. 이 강의는 제2차 세계 대전 초기에 위대한 문학 탐정의 근원으로서 프랑스의 중요성을 강조하여 프랑스 국민의 사기를 북돋아 주기 위한 것이었다. 그러나 애석하게도 프랑스의 문학 탐정 역할을 강조한 세이어즈의 강연은 방송되지 못했다. 의심할 여지 없이 프랑스 대중이 매우 감사하게 여겼을 것인데도 말이다. 세이어즈가 강의하기로 한 일정 바로 전에 독일군이 쳐들어와 파리가 함락되었기 때문이다. 하지만 다행히 원고는 살아 있었다.

세이어즈 강연의 핵심 주제 중 하나는 탐정 소설이 어떤 사람들에게는 전혀 관련 없어 보이는 일련의 사건들에서 연관성을 찾아내려는 우리의 깊은 열망에 호소한다는 것이다. 하지만 그 사건들 안에는 수수께끼를 풀도록 인도하는 중요한 표적과 실마리들이 있다. 우리는 "아리아드네의 실타래를 차근차근 풀어서 마침내 미로의 끝에 도달한다."[10] 여기서 잠시 멈추어 세이어즈가 사용한 유비의 핵심 이미지에 집중해 보자. 고전 교육에 푹 빠진 세이어즈는 크레타 왕 미노스에 관한 고대 그리스 신화에서 도움을 받았다. 인간과 황소가 합쳐진 미노타우로스를 가두기 위해 미노스는 당대 위대한 건축가 다이달로스에게 크노소스 왕궁 근처에 미궁을 만들라고 명령한다. 이 미궁은 복잡하기로 유명했다. 암흑 같은 길에 한 번 들어서면 아무도 나올 수 없었다. 따라서 불행하게도 그 안에 들어간 사람이 미노타우로스에게 잡혀 먹히는 일은 결국 시간 문제였다.

아테네를 정복한 뒤 미노스는 미노타우로스에게 바칠 제물로 젊은 남녀를 일곱 명씩 보내라고 아테네에 요구했다. 그러자 아테네 왕 아이게우스의 아들 테세우스가 크레타에 제물로 보내질 소년으로 자원했다. 테세우스를 깊이 사랑하게 된 미노스의 딸 아리아드네는 테세우스에게 자신과 결혼해서 크레타를 떠나 멀리 데려가 준다고 약속하면 그가 미궁을 정복하고 미노타우로스를 죽일 수 있도록 도와주겠다고 제안했다. 테세우스는 (결국 그 약속을 지키지 않았지만) 아리아드네의 제안에 동의했다. 아리아드네는 그를 믿고 붉은색 실 뭉치를 주고, 실을 풀면서 미궁으로 들어가라고 일러 주었다. 마침내 미노타우로스를 발견해서 죽인 테세우스는 다시 실을 따라 미궁 밖으로 나올 수 있었다. 아리아드네의 실은 어둡고 복잡한 구조에서도 길을 찾아 나올 수 있게 해준 열쇠였다. 세이어즈는 탐정 소설의 배경에서 이것이 지적인 틀을 비유하기에 얼마나 유용한지 알고 있었다.

자기보다 앞서 있던 많은 사람처럼 세이어즈는 우리 주변 세상이 본디 합리적이라고 믿는 우리의 내적 신념과, 더 깊은 곳에 있는 유형을 찾아내는 우리의 능력에 탐정 소설이 호소하고 있음을 인지했다. 찰스 바스커빌 경(아서 코난 도일의 세 번째 범죄 소설인 「바스커빌 가의 개」 [The hound of Baskerville]에 나오는 등장인물_ 옮긴이)이 당한 의문의 죽음처럼 중요하고 흥미로운 일들이 일어나고 있는데, 그렇다면 실제로 일어난 일은 무엇인가? 우리는 그곳에 있지 않았기 때문에 실제로 일어난 일을 관찰할 수 없다. 그러나 단서들을 주의 깊게 분석해 보면 실제로 일어난 일을 가장 근접하게 설명할 길을 찾아낼 수는 있다. 따라서 '아리아드네의 실'이라는 이미지는 감춰진 유형을 볼 수 있도록 사건이나 관찰을 연결하는 '논리의 실' 형태로 재현된다. 영국의 위대한 과학 철학자 윌리엄 휴얼(William Whewell, 1794-1866)이 대중화시킨 이미지를 이용하자면, 우리는 관찰의 진주들을 엮을 수 있는 최고의 실을 찾아야 한다. 그렇게 할 때 진주들은 진정한 모습을 드러낼 것이다. "사실들은 알려져 있지만 따로따로 끊어져 있다. 진주들은 그 자리에 있지만 누군가가 실을 제공할 때까지는 엮이지 않을 것이다."[11]

세이어즈의 탐정 소설은 과학 철학에서 '최선의 설명으로의 추론' (inference to the best explanation)으로 알려진 것, 즉 귀추법을 문학에 적용한 것으로 볼 수 있다. 모든 관찰을 모아 놓으면, 몇 가지 설명이 가능하다. 그중 어느 설명이 가장 좋은 것인가? 관찰의 진주들을 가장 잘 엮어서 보여 줄 수 있는 실은 어떤 것인가? 그것을 평가하려면 어떤 기준을 사용해야 하는가? 우리는 1920년 런던 상류층을 배경으로 하는 세이어즈의 소설 「베로나 클럽의 변고」(*Unpleasantness at the Bellona Club*, 퍼플 역간)에서 이 사고 과정을 볼 수 있다. 세이어즈는 피터 윔지 경이 의문에 싸인 펜티먼 장군의 사망 사건을 해결하기 위해 한 이론을 택할 때 어떤 기준으로 해야 할지 고민하는 것으로 첫 장을 시작한다.

"이 독약 문제는 어떻게 해결해야 할까요?" 파커 탐정이 물었다. 윔지는 대답했다. "아리스토텔레스로 해결하면 되겠지요. 당신도 알다시피 아리스토텔레스에 따르면 사람은 불가능한 가능성보다는 가능한 불가능성을 선호합니다. 물론 장군은 매우 혼란스러운 순간에 이렇게 깔끔하게 죽었을 수도 있어요. 하지만 모든 것이 각본대로 되었다고 보는 것이 더 그럴듯하고 깨끗해 보이지 않습니까?"[12]

일부 전문 철학자들은 세이어즈가 아리스토텔레스를 언급했다는 것에 움찔할 수도 있지만 그의 요점은 매우 일리가 있다.[13] 일단 이 유형을 발견하자 윔지는 벨로나 클럽에서 일어난 다른 연쇄 사건들을 푸는 데도 활용할 수 있었다. 그는 전혀 상관이 없어 보이는 사건들을 연결하는 유형을 밝혀내어 이 실들이 그의 지적인 문제 해결 방법과 서로 어떻게 연결되어 있는지를 보여 주었다.

한때 세이어즈의 비평가들은 그의 탐정 소설들이 인간의 동기와

야망의 복잡성을 보여 주기보다는 추상적인 유형을 식별하는 데 지나친 관심을 보인다고 느끼기도 했다. 예를 들면 레이먼드 챈들러는 세이어즈가 '논리와 연역'에 지나치게 빠져 있는 나머지 '플롯이 요구하는 인위적 유형'이 등장인물들의 개연성을 압도하고, 그 결과 그 형판(template)에 맞추기 위해 등장인물들에게 '비현실적인 것'을 강요한다고 느꼈다.[14] 나중에 세이어즈는 그러한 우려에 고마워하면서도, 등장인물의 특징과 증거가 지닌 애매한 특성을 무시한 채 탐정 소설을 단순히 정보들의 연역적 도전으로 보려는 경향에는 의혹을 나타냈다.[15]

세이어즈에게 인생은 의미의 유형을 탐색하는 여정이었다. 그는 기독교가 감춰진 유형을 찾아내고, 그러지 않았다면 불투명했을 수수께끼 안에서 의미를 분별하게 해주어서 '우주를 이해하게 만드는' 도구를 제공해 준다고 확신했다. 「아홉 번의 종소리」(Nine Tailors)가 우주의 신비를 말하고 있다면, 「향연의 밤」은 인간 마음의 신비들을 보여 준다.[16] 일정 부분 세이어즈의 자서전이라고도 할 수 있는 「고양이 메리」(Cat O'Mary)는 그 책의 주인공인 캐서린을 지적 쾌락과 의미의 추구로 이끌어 준 것을 다루고 있다. "몰리에르(Molière)의 구절을 준비하기 위해 앉았을 때 캐서린은 수많은 실이 서로 엮이고 짜아져서 패턴, 양탄자, 창조된 아름다움을 만들어 내는 육체적 만족을 경험했다."[17]

세이어즈는 그런 유형들은 인간이 고안해 낸 것이 아니며, 신적 합리성이라는 더 깊은 유형을 상기시키는 창조적 정신의 유형을 보여 준다고 믿었다.[18] 그는 이성적으로 사고할 수 있는 기독교의 역량을 매우 높이 평가했다. 그래서 때로는 자신이 기독교가 담고 있는 역사적 인물이신 예수 그리스도보다 그것의 지적 유형을 더 사랑하게 되는 것은 아닐까 염려하기도 했다. 아마도 이 주제를 가장 세밀하게 다룬 작품이 「창조자의 정신」(*The Mind of Maker*, 1941, IVP 역간)일 것이다.

세이어즈는 신학자가 아니었다. 하지만 「창조자의 정신」은 인간 안에 있는 '하나님의 형상'에 대해 독특한 개념을 소개하고 있다.[19] 그 책에서 세이어즈는 본질적으로 인간으로 하여금 특정한 방식으로 생각하고 상상하는 성향을 갖게 하는 일종의 상상적 형판(imaginative template)으로 하나님의 형상을 이해했다. 창조적 정신에 있는 유형은 신학과 예술 모두에서 동일하게 나타난다. 또한 인간이 인생의 가장 깊은 곳에 있는 유형을 분별할 수 있게 해주고, 그것을 독려하는 고유의 상상적 형판(하나님의 형상_옮긴이)을 보여 준다. 세이어즈는 인간이 창조하는 과정의 유형은 살아 있는 우주의 실제 구조를 반영하기 때문에 창조적 정신의 유형은 신의 실존에 깊이 뿌리내린 '영원한 이데아'라고 생각하는 경향이 있었다.

> 창조적 정신이 영적인 우주의 씨앗이라고 결론짓는다면, 돌이나 물감, 음률, 문자 등으로 작업하는 사람, 즉 예술가에 대한 탐구를 우리 마음대로 멈출 수 없다. 동일한 유형이 모든 인간의 영적 구조에서도 나타나는 것은 아닌지 의문을 가져야 마땅하다. 보통 사람들은 창조적으로 행동하지 못할 뿐 아니라 그런 생각도 갖지 못한다고 예단한다면 그것을 우리의 존재 구조를 왜곡하는 폭력일 수도 있다.[20]

그래서 세이어즈는 우리 시대의 가장 중요한 논쟁으로 우리를 이끌어 간다. 즉 종교적이든 도덕적이든 정치적이든 세속적이든, 우리의 믿음이 합리적인지에 관한 의문이다. 세이어즈에게 기독교는 단순히 우리가 보고 싶은 대로 보기 위해 만들어 낸 방식이 아니라, 있는 그대로 볼 수 있게 하는 방식을 찾아낸 것이었다. 철학자 루트비히 비트겐슈타인은 우리가 우리 자신보다 더 깊고 위대한 무언가를 따라 생각하고 살아간다고 믿을 때 의미와 행복을 깨닫는다는 것을 알았다. "행복하게 살기 위해서는 우선 세상과 일치해야 한다. 그것이 곧 '행복하다'는 의미다."[21] 우리는 '큰 그림'을 이해하고, 그 속에서 우리의 위치를 찾아야 한다.

그러나 우리 힘으로는 이 큰 그림을 온전히 이해하기 어려워 보인다. 인간이기 때문에 가질 수밖에 없는 안타까운 한계를 뛰어넘어 그 그림을 볼 수 있으려면 도움이 필요하다. 물론 이것은 기독교 신학의 전통적인 주제다. 신적 계시라는 개념은 우리가 고안한 것이 아닌 실재에 대한 견해를 보여 주며, 온전하게 이해할 수 있는 인간의 역량을 초월하는 것이다. 계시는 인간의 이성을 침해하는 것이 아니라 한계를 보여 주고, 그 한계 너머에 있는 것을 맛보게 해준다. 또한 계시는 우리 세상의 전경을 조명해 주어서 사물을 좀 더 명확히 볼 수 있게 한다. 그리스도인에게 (겉모습만 곁눈질하는 것이 아닌) 있는 그대로 사물을 볼 수 있는 이 역량은 곧 하나님이 베푸신 자비로운 선물이다. 우리는 눈을 떠서 전에는 일관성 없어 보이던 것이 사실은 사물을 온전하고 제대로 보지 못하는 우리 능력의 한계 때문임을 깨달아야 한다.

세이어즈와 같은 기독교 저자들에게 종교적 신앙이란 이성에 대항하는 것이 아니라 교조주의라는 차가운 벽 안에 인간성을 포로로 가둔 이성주의에 저항하는 행위다. 논리와 사실은 "우리를 어느 정도만 데려갈 수 있을 뿐이다. 그 나머지 길은 믿음으로 가야 한다."[22] 인간의 논리는 이성적으로 타당할지 모르지만 실존적으로는 결함이 있다. 신앙은 삶에 그 이상이 있다고 선언한다. 그것은 이성과 대치되는 것이 아니라 이성을 초월하는 것이다. 신앙은 이성적인 동의를 끌어내고 요청하지만 강요하지 않는다. 안타깝게도 자신을 '자유사상가'라고 내세우는 사람들은 지난 50년간 이성을 이해하는 데 일어난 급격한 변화를 인식하지 못한 채 더는 존재하지 않는 18세기 이성주의에 갇혀 있다.[23]

그렇다면 세이어즈는 이러한 접근을 어떻게 기독교 신앙과 연결시키는가? '창조적 정신'으로 감싸인 그의 기독교적 비전에서 이것은 어떤 역할을 하는가? 세이어즈는 우리가 신학의 중요성을 인정하고, 그것이 우리의 생각과 행동에 어떤 영향을 끼치는지 살펴보아야 한다고 주장한다. 그는 제2차 세계 대전이 극에 달한 시기에 "신조인가 혼란인가?"(Creed or Chaos?)라는 강의를 하며 이 점을 특히 강조했다. 그 당시 사람들은 나치즘이 부상하고 독일군이 서유럽을 침공하는 것을 보면서 전통적인 도덕 가치가 위협받는 것을 우려했다. 세이어즈는 도덕적 가치들은 궁극적으로 그 가치들이 신뢰하는 도그마를 반영한다고 주장했다.

기독교 사상은 거부한 채, 도덕적 틀만 수용하려 한 당시 일부 영국 지성인들은 기독교 가치가 토대로 삼은 세계관 없이는 그 가치도 존재할 수 없음을 이해하지 못하고 있었다. 나치의 신념들은 하나의 도덕적 가치관을 제공했고, 기독교 신념들 역시 또 다른 도덕적 가치관을 제공했다. 기독교 윤리는 기독교 세계관에 의존하며, 그 기독교 세계관을 표현한다. 세이어즈는 "윤리적 가치의 유일한 이성적 기초인 기독교 교리 자체를 거부하면서" 동시에 "그 교리에서 유추된 윤리적 가치의 특정 기준은 받아들이려 한" 당시 세속주의자들을 조롱했다.[24] 마침내 세이어즈는 진짜 전쟁은 도덕적 가치가 아닌 세계관에 관한 것이라고 선언했다. 기독교의 독특성을 지키는 것은 본질적으로 기독교의 가치를 지키기 위한 선제 조건이었다.

세이어즈에게 신조(creeds)는 실재를 바라보는 기독교 고유의 관점을 제시하는 것이며, 궁극적으로는 그리스도인의 삶과 생각이 바로 이 견해에 따라 형성된다는 것을 그리스도인에게 상기시키는 것이었다. 신조 없이는 도덕적 혼동만 있을 뿐이다. '교리 없는' 기독교는 있을 수 없다. 그리스도인은 교리 안에서 신앙의 본질을 생각하고 자신이 살아야 할 길에 대한 함축된 의미를 생각해야 하기 때문이다. 세이어즈는 일부 핵심 기독교 교리를 놀라우리만큼 함축적이고 창의적인 방법으로 요약하는 능력을 보여 주었다. 가령 성육신 교리의 적합성을 그는 이렇게 간결하게 설명한다. "그리스도께서 사람이기만 하셨다면 하나님에 관한 생각에 전혀 들어맞지 않으신다. 그리스도께서 하나님이기만 하셨다면 인간이 인생에서 겪는 경험에는 전혀 적합하지 않으시다."[25] 그러나 세이어즈의 견해 가운데 많은 사람이 가장 흥미롭게 여기는 것은 삼위일체에 관한 것이다.

「창조자의 정신」에서 세이어즈는 창조적 정신의 유형에 근거하여 삼위일체 교리의 일면을 설명한다.[26] 작가로서 자신의 경험을 통해 세이어즈는 책을 쓰는 창조적 활동 과정에는 세 가지 독특한 단계가 있다고 주장한다. 아이디어(idea) 그 자체, 실현(implementation) 단계, 독자와 교감(interaction)하는 과정이다. 책이 존재하려면 우선 시간과 공간을 벗어나 저자의 마음 안에서 완전한 아이디어가 세워져야 한다. 그러고 나서야 펜과 잉크와 종이에 의해 시간과 공간 속에 실현된다. 그리고 마침내 누군가가 그 책을 읽고 저자와 교감하며 저자의 비전에 의해 변화되는 과정을 통해 창조가 완성된다.

따라서 저자의 정신은 우선 글쓰기라는 행동으로 유도하고, 마침내 독서와 이해의 경험으로 이동한다. 그리고 그 과정은 저자의 사상이 독자의 마음으로 들어갔을 때 완성된다. 세이어즈는 이 자연스러운 발전 과정마다 '생각으로서의 책'(Book-as-Thought), '쓰기로서의 책'(Book-as-Written), '능력으로서의 책'(Book-as-Power)이라는 이름을 붙였다. 여기서 세이어즈는 하나님의 자기 소통과 삼위일체 교리의 외적 연결 고리를 찾아냈다. 하나님은 계시의 근원이시다. 그러나 계시는 구체적인 역사 형태로 나타나며, 따라서 사고하는 사람들이 이해하고 해석해야 하는 것이다.

세이어즈가 하나님에 관해 생각할 필요를 강조한 점은 인간의 이성으로는 하나님을 온전히 이해할 수 없다는 사실을 조심스럽게 확인한 것과 밀접하게 연결되어 있다. 하나님은 언제나 인간이 합리적으로 사고할 수 없는 대상이다. 인간의 지성은 하나님의 광대하심을 온전히 이해할 수 없기 때문이다. 세이어즈는 많은 독자에게 매우 친숙한 비유를 들어 이 중요한 신학적 요점을 설명한다. 틀에 박힌 문자에 하나님을 집어넣으려고 하는 것은 마치 신경이 날카로워진 덩치 큰 고양이를 작은 바구니에 담으려고 하는 것과 같다. 머리를 넣으려는 순간 꼬리가 밖으로 나오고, 뒷발을 넣으면 앞발이 밖으로 나올 것이다. 마침내 고양이를 바구니에 넣는 데 성공한다 해도 고양이가 내는 우울한 울음소리를 듣는 순간 우리는 그 피조물이 본질적인 자존감에 크게 상처 입었다는 것을, 그리고 우리가 잘못을 저질렀다는 것을 깨달을 것이다.[27]

세이어즈의 비유는 여러 면에서 적합하지 않은 점도 있다. 그럼에도 아주 중요한 한 가지를 지적한다. 살아 계신 하나님을 소유하거나 통제하려는 인간의 개념적 책략은 가능성이 없다는 것이다. 기독교 신학은 인간의 언어로 하나님을 적절하게 표현하거나 묘사할 수 없다는 것을 이미 오래전부터 인식하고 있었다. 하나님의 순전한 광대하심은 하나님을 온전히 그리고 신실하게 묘사하려 애쓸수록 인간적인 이미지와 단어들을 휘청거리게 하고 완전히 무너뜨린다. 신학적인 '신비'(mystery, '비밀', '수수께끼' 등으로도 번역된다_ 편집자)의 개념이 중요한 이유도 여기에 있다. '신비'란 이성과 대치되는 것이 아니라 설명하고 구별하는 이성의 역량을 뛰어넘는 것이다. 즉 이성과 상충되기보다는 이성을 초월하는 것이다. 붙잡힌 고양이의 저항에 관한 세이어즈의 비유는 실재를 우리가 이해할 수 있는 무언가로 제한하려는 인간의 본성적 성향에 저항하고, 우리가 이해할 수 있는 역량보다 크고 위대한 실재를 향해 마음을 열어야 할 것을 상기시킨다. 위대한 청교도 저자 리처드 백스터가 언급한 대로 "우리는 하나님을 알 수 있지만 온전히 이해하는 것은 우리의 역량을 벗어난다."[28]

이번 장을 마무리하는 적절한 말이 무엇일지 생각해 보았다. 기독교 제자도는 하나님에 통달하는 것이 아니라 하나님에 의해 통달되는 것이다. 이는 단순히 우리가 두려워하는 누군가에게 지적으로 복종하는 비겁한 행위가 아니다. 궁극적으로 우리를 자유케 하실 하나님에 대한 놀라운 비전에 반응하는 것으로, 우리의 이성적이고 창의적인 역량을 확장하여 지적으로 풍요로워지는 기쁨의 행위다. 그래서 이번 장은 이 주제들을 매우 아름답게 잘 엮어 준 히포의 아우구스티누스의 유명한 기도로 마무리하는 것이 적절할 듯하다.

영원하신 하나님, 주님은 주님을 아는 마음의 빛이요, 주님을 사랑하는 영혼의 생명이며, 주님을 섬기는 영혼의 힘이십니다. 주님을 알아 주님을 진정으로 사랑할 수 있게 하시고, 주님을 사랑함으로 주님을 섬길 수 있게 하셔서, 그 섬김이 완전한 자유가 되게 하소서.

7장 C. S. 루이스
_기독교 신앙의 합리성*

C. S. 루이스를 추모하는 50주년이던 2013년에는 그의 저술들을 새롭게 주목하고, 기독교 신앙을 생각하는 데 독특하게 접근한 그의 방식을 어느 해보다 많이 토론했다. 루이스는 20세기 가장 위대한 기독교 변증가로 확실히 자리를 굳혔고, 21세기에도 여전히 영향을 끼치는 영원한 유산을 남겼다. 교단의 장벽을 넘어 루이스만큼 영향을 준 변증학자는 찾아보기 힘들다.

북아일랜드에서 태어난 루이스는 영국 성공회 소속 평신도였다. 웨스트민스터 대성당에서 '시인의 자리'(Poet's Corner)에 그의 기념비를 세우기로 한 것은 영국의 종교적, 정치적 구조의 중심에서 그의

---

* C. S. 루이스 사망 50주년과 '시인의 자리'에 그가 자리하게 된 것을 기념하며 2013년 11월 21일에 웨스트민스터 성당에서 한 연설이다. 학계의 독자들을 위해 다시 쓴 이 강의 축약본은 'An enhanced vision of rationality: C. S. Lewis on the reasonableness of Christian Faith,' *Theology* 116, 6(2013): 410-17쪽에 실려 있다. 초기 논문의 일부를 다시 사용할 수 있도록 허락해 준 〈씨올로지〉(*Theology*)의 편집장에게 감사한다.

문화적, 종교적 위치를 재확인한 중요한 결정이었다. 루이스의 천재성은 그가 단지 영국과 성공회뿐 아니라 그 영역을 넘어 사랑받으며 가치를 인정받고 있다는 사실에서 잘 드러난다. 영국에서 열린 기념행사에 엄청난 인파가 모였는데, 이는 루이스가 영국과 영국 성공회에서 얼마나 인정받고 존경받는지를 충분히 보여 주었다.

루이스는 그의 팬들뿐 아니라 학계에서도 큰 관심을 받고 있다. 교황 그레고리우스 1세(540-604)가 욥기 주해서에 쓴 표현을 인용하자면, 그의 글은 "어린양이 뛰어놀 수 있을 만큼 얕으면서도 코끼리가 수영할 수 있을 만큼 깊다." 그레고리우스가 강조한 것은 성경이 대중적인 수준과 학문적인 수준 등 다양한 수준에서 읽히고 이해될 수 있다는 것이었다. 루이스에게도 이는 틀림없는 사실이다! 루이스는 폭넓은 독자층에게 읽히고 사랑받아 왔지만 그날의 기념행사는 획기적인 전환점이 되었다. 학계(특히 옥스퍼드나 케임브리지)에서 루이스를 더욱 진지하게 다루게 된 것이다. 많은 사람이 로완 윌리엄스와 나니아의 특별한 관계에 관해 읽었을 것이다.[1] 세계 최고 신학자 중 한 사람이자 전 캔터베리 대주교이며 예전에 루이스가 재직한 케임브리지 대학의 현 학장인 사람이 나니아를 그토록 좋아하고 우리로 그 안에 담긴 의미의 깊이를 새롭게 찾을 수 있게 한다는 것은 매우 의미 있는 일임이 틀림없다.

최근에서야 영국 종교계에서 루이스를 이렇게 인정하는 것은 사실 늦은 감이 없지 않다. 이러한 인정의 기초가 놓인 것은 이미 아주 오래전 1946년 스코틀랜드의 오래된 대학인 세인트앤드류 대학이 루이스에게 명예 신학 박사 학위를 주었을 때다. 세인트앤드류 대학 신학부의 학감이던 도널드 베일리(Donald Baillie) 교수는 학위 수여식 자리에서 루이스는 "좀처럼 전문 신학자의 말을 들으려 하지 않는 많은 사람에게 주목받는 데 성공했으며", "신학적 사고와 시적 상상력을 결혼시켜 새롭게 편곡한" 사람이라고 소개했다. 시간이 지날수록 이 두 부분에서 베일리 교수가 옳았음을 보게 된다. 음악적 이미지를 사용하자면, 루이스는 작곡가라기보다 편곡자로 더 잘 알려져 있다. 그러나 그의 신학적 편곡과, 주제에 대한 다양한 변주는 원곡이 하지 못한 대중적 상상력을 잡는 일에 성공한 듯하다.

그렇다면 루이스는 어떤 식으로 진리를 말하였고, 그 방식은 어떻게 성공할 수 있었는가? 이번 장에서는 딱딱하고 엄격한 이성주의 안에 가두지 않은 채 기독교의 합리성을 강조한 루이스의 신앙 합리성에 대한 독특한 이해를 살펴볼 것이다.

어린 시절 루이스는 믿음이 근본적으로 비합리적인 것이며 1917-1918년에 직접 참전한 세계 대전의 참혹함과 무정함을 설명하지 못하는 무능한 것이라고 확신한 무신론자였다.[2] 그러나 이성주의자의 세계관에 자신을 제한하기로 한 결정이 상상적으로 유익하지도 않고 흥미도 없는 것으로 드러나면서 루이스는 실존적으로 이성주의자가 되는 것에 만족하지 못했다. 순수 이성은 자신이 안주하기에 지적으로 매우 암울한 전망을 제시한다는 것을 루이스는 분명히 알고 있었다. 그럼에도 그의 이성은 그것이 전부라고, 다른 것을 믿는 것은 환상일 뿐이라고 주장하고 있었다. 반면 루이스의 상상력은 다른 무엇이 더 있다고 그에게 가르쳐 주었다. "내가 사랑하던 것들은 거의 모두 상상에서 비롯되었고, 실재라고 믿던 것들은 거의 모두

암울하고 의미가 없었다."

루이스의 영문학 공부, 특히 조지 허버트의 시는 그의 무신론에 대해 살을 에는 듯한 의심들을 남겼다. 허버트와 다른 여러 사람은 루이스가 허상이라고 무시해 버리려 한 세계, 그럼에도 상상 속에서 그의 마음을 괴롭히던 세계와 잘 지내고 있는 것 같았다. "한편에는 시와 신화라는 섬이 많이 모여 있는 바다가 있었고, 다른 한편에는 구변 좋고 얄팍한 이성주의가 있었다."[3] 과연 자신 깊숙한 곳에 있는 상상의 본능이 독단적 이성이 지닌 얄팍한 진리들에 맞설 수 있을지, 그리고 나아가 이길 수 있을지 루이스는 고민했다.

그렇다면 루이스는 어떻게 이성주의의 감옥을 탈출할 수 있었을까? 루이스는 창조 질서의 합리성과 그 궁극적인 뿌리를 하나님에게 둔 독특한 방식에 근거하여 기독교 신앙의 합리성을 이해했다. 어떤 이들이 하나님의 존재에 대해 연역적으로 접근하길 선호하는 것과 관련하여 루이스는 나름의 독특한 접근 방식, 즉 순수하게 이성적이기보다는 좀 더 가시적인 방식, 연역적이기보다는 좀 더 귀납적인 접근 방식을 제안한다.

루이스의 접근법은 굉장히 미묘하기 때문에 단순화하기가 어렵다. 하지만 그의 접근 방식이 지닌 중요한 측면들을 다음과 같이 열거할 수 있다. 기독교 신앙의 진리들은 인간 이성의 한계를 뛰어넘는다. 그러나 그 진리들을 설명하고 파악할 때, 그것의 합리성은 어렵지 않게 식별할 수 있다. 그 합리성이 지닌 특징 중 하나는 기독교 신앙이 사물을 이해할 수 있게 만드는 능력을 가지고 있다는 것이다.

분명 기독교의 포용성과 상상적 매력이 루이스를 기독교로 이끌었을 것이다. 기독교는 이성으로 이해하고 수용할 수 있는 것에 자신을 제한하지 않으면서도 충분히 설득력이 있었다. 내가 보기에 루이스는 위대한 피렌체 시인이자 철학자로서 기독교는 사물을 바라보는 관점(즉, 비록 언어로 표현하기는 힘들다고 증명되었지만 보여질 수는 있는 멋진 무언가)을 제공한다는 생각을 표현한 단테의 「신곡」(*Divine Comedy*) 마지막 칸토에서 울리는 주제를 연상시킨다.

> 바로 그 순간부터 나의 시각 능력은 그와 같은 비전 앞에서 아무 효력 없는 언어의 능력을 뛰어넘었다.[4]

루이스에게는 언제나 '너머', '신비'(우리의 이성 너머에 있는 말로 다할 수 없이 중요한 무언가)에 대한 감각이 있었는데, 그것은 논리가 아닌 본능으로 알아차리는 것이었다. 이 점은 (루이스가 몹시 존경한) G. K. 체스터턴(Chesterton)도 지적한 것이다. 체스터턴은 "진정한 예술가는 누구나 자신이 초월적 진리를 다루고 있음을 느낀다. 그 진리는 베일을 통해서만 볼 수 있는 그림자의 형상을 하고 있다"고 주장했다.[5] 기독교 신앙의 지적 수용력은 이성적으로 분석될 수 있지만 상상적으로 가장 잘 소통된다고 루이스는 넌지시 알려 준다.

루이스는 우리가 사물을 조망하고 그것들의 본유적 일관성과 그 연관성을 이해하게 해주는 견지(standpoint, 원한다면 플라톤의 시놉티콘[*synoptikon*]이라고 해도 좋다)를 제공해 주는 것으로 기독교를 보길 권한다. 우리는 사물들이 어떻게 연결되어 있는지 본다. 루이스는 사물에 대한 진정한 이해의 본질을 파악하기 위해 태양, 빛, 맹목, 그림자

등과 같이 놀라우리만치 폭넓은 은유들을 일관되게 사용한다. 누군가가 합리성이란 사물에 관한 이야기를 제공하는 이성의 능력이라고 주장한다면, 루이스는 합리성이란 동시에 그것들의 관계를 볼 수 있는 능력이라는 말로 나름의 틀을 세운다. 이는 대단히 중요한 두 가지 결과를 가져온다.

첫째, 이는 루이스가 이성과 상상이 공동 협력 관계로 존재한다고 본다는 뜻이다. 상상이 없는 이성은 제한적이고 둔할 수 있고, 이성이 없는 상상은 기만적이고 도피적일 수 있다. 루이스는 (가상적[imaginary]인 것이 아닌) '상상된(imagined) 실재'의 개념을 발전시킨다. 상상된 실재란 이성으로 이해되고 상상으로 가시화될 수 있는 것을 가리킨다.

둘째, 이는 루이스가 사물을 다르게 보기 위해 문자적인 예와 함께 비유를 폭넓게 사용한다는 뜻이다. 「순전한 기독교」에서 루이스가 제시한 삼위일체 교리에 관한 유명한 변증은 일단 우리가 제대로 보지 못하기 때문에 문제가 생겨난다는 것을 보여 준다. 마치 2차원 세계에 살고 있지만 3차원의 구조물을 이해하고 설명하려는 경우처럼 우리가 다르게 보려 한다면 본유적인 합리성을 이해하기 시작할 것이다. 루이스의 변증은 종종 사물을 그렇게 볼 것을 시각적으로 요청하는 형태를 취한다. 삼위일체의 합리성은 증명되는 것이 아니라 보여지는 것이다. 그리고 그것은 우리로 올바른 방식으로 보게 하여 보여진다.

아마도 이것은 루이스의 작품인 「나니아 연대기」(*Chronicles of Narnia*)의 특별한 매력을 이해하는 데 도움을 줄 것이다. 「나니아 연대기」는 이야기들 속에서 구체화되어 이성적으로 그럴듯하고 상상에 있어서 매력적으로 모습을 드러낸 사물을 어떻게 보는지를 소개한다. 루이스의 옥스퍼드 대학 동료인 오스틴 파러는 루이스의 변증적 접근이 처음에는 논쟁처럼 보이지만 자세히 들여다보면 새로운 방식으로 사물들을 보라고 격려하며, 그에 따라 신앙의 합리성을 이해한다고 주장했다. 파러에 따르면 루이스는 현실에서 "확신을 갖게 만드는 비전이 제시될 때", "하나의 논쟁을 듣고 있는 것처럼 생각하게" 만들었다.[6]

예를 들면, 루이스가 「새벽 출정호의 항해」(*The Voyage of the Dawn Treader*)에서 죄로 인해 인간의 영혼이 갇혀 있다는 신학적 진리를 상상적으로 가시화한 것을 생각해 보자. 많은 사람이 그 책 서두에 루이스가 쓴 글을 기억할 것이다. "유스터스 클래런스 스크러브(Eustace Clarence Scrubb)라는 소년이 있었는데, 그 아이는 그런 이름('Scrubb'에는 '작은 사람', '하찮은 녀석'이라는 뜻이 있다_편집자)이 잘 어울렸다." 유스터스 스크러브는 루이스가 이기적인 인물로 성장시킨 철저하게 무정한 인물이다. 처음부터 그를 좋아하기는 정말 힘들다. 그의 '욕심과 거친 성격' 때문에 나중에 그가 용으로 변했을 때에도 그를 불쌍히 여기기가 힘들 정도다.[7]

말할 수 없이 불쾌한 성격의 유스터스는 나중에 자신을 만물의 주인으로 만들어 주리라고 굳게 믿은, 마법에 걸린 황금을 발견한다. 하지만 끝내는 유스터스가 그 금에 지배당한다. 고대 노르웨이 신화를 좋아한 루이스는 불의하게 얻은 것을 지키려고 하다가 용으로 변한 욕심 많은 거인 파프니어(Fáfnir) 이야기를 유스터스 이야기에 차용했다. 유스터스는 결국 용으로 변한다. 루이스는 유스터스가 처음에 용으로 변한 것과, 이어서 '용이 아닌 것이 되는'(undragoning) 두 번째 변화를 통해 유스터스의 이기적이고 타락한 본성과 신적 은혜가 지닌 변화의 능력을 모두 보여 준다.

「새벽 출정호의 항해」는 자신이 용이 되었다는 끔찍한 사실을 유스터스가 알게 되는 장면을 탁월하게 묘사하였다. 그는 용으로 변한 것을 매우 싫어해서 미친 듯이 비늘을 벗겨 내려 한다. 그러나 한 껍질 벗겨 내면 그 밑에 또 다른 비늘 껍질이 있다는 것만 알게 될 뿐이다. 그는 자신이 갇힌 감옥에서 벗어날 수 없었다. 그렇다면 용이 되어 버린 유스터스는 어떻게 용에서 벗어날 수 있을까? 자신이 원하는 모습으로 변하는 것은 그의 능력 밖의 일로 보인다.

그러나 마침내 구원이 임한다. 아슬란(Aslan)이 나타나 발톱으로 용의 몸에서 비늘을 벗겨 버린 것이다. 비늘이 모두 벗겨지자 아슬란은 피부가 벗겨져 피를 흘리는 유스터스를 우물 속에 던져서 새롭게 정화시켜 그에게 인간성을 되찾아 준다. 이 이야기의 줄거리는 극적이고 실제적이며 충격적이다. 그러나 내러티브는 기독교 주제들을 강력하게 전달하는 힘이 있다. 루이스는 잘 의도된 신학 강의로는 이러한 기독교 주제들을 묘사할 수 없다고 믿었다. 용의 이미지는 노르웨이 신화에서 빌려 왔지만 용에서 벗어나는 이야기는 풍부한 신약의 개념과 이미지에서 가져온 것이다.

매우 현실적으로 묘사된 이 힘 있고 충격적인 이야기에서 우리는 무엇을 배워야 할까? 유스터스의 살갗이 깨끗해지도록 비늘을 벗기는 아슬란의 놀랍고 생생한 이미지가 보여 주듯이 유스터스는 자신이 통제할 수 없는 힘에 갇혀 있었다. 다스리려 한 자가 오히려 다스림을 받게 된 것이다. 용은 단순히 죄 자체가 아니라 함정에 빠뜨려 잡아 가둘 수 있는 죄의 힘을 상징한다. 구속자만이 그 힘을 깨뜨리고 정복할 수 있다. 아슬란은 유스터스를 치유하고 새롭게 하여 그가 원하는 존재가 될 수 있도록 회복시킨다.

우물 속에 잠기는 것 역시 우리에게는 아주 친숙한 사상이다. 자신에 대해서는 죽고 그리스도께 살아나는 세례(롬 6장)에 관한 신약의 언어에서 끌어온 것이기 때문이다(영화로 제작된 〈새벽 출정호의 항해〉에서 유스터스가 용에서 탈출하는 이야기를 생략한 것은 그 영화가 지닌 많은 약점 가운데 가장 불편하고 불필요한 점이다). 아슬란은 유스터스를 우물에 던지고, 유스터스는 그곳에서 새롭고 회복된 모습으로 나온다.

내가 무슨 말을 하려는지 알 것이다. 루이스는 전통적인 신학 교리를 택하여 그것을 이야기(단순히 이성적으로 이해되는 것이 아니라 상상적으로 수용되는 이야기)로 전환시킨다. 루이스는 우리로 하여금 그것을 볼 수 있도록 초청하여 전통 교리에 새 생명을 불어 넣는다. 우리는 죄가 무엇인지를 단순히 듣기만 하는 것이 아니라 보는 것이다.

어떤 사람은 루이스에게 순전히 이성적으로 사고하길 강요했지만, 그것은 루이스에게 맞지 않다. 루이스는 하나님의 존재를 선험적(연역적) 근거에서 증명하려 하지 않는다. 대신에 그는 우리가 주변에서 관찰하고 우리 안에서 경험하는 것들이 사물을 보는 기독교적 방식에 어떻게 잘 들어맞는지를 보도록 초청한다. 루이스는 종종 '사물을 보는' 이런 방식을 '신화'(myth)라는 용어로 표현했다. 즉 '상상적 수용력'을 불러일으켜 다른 사람들에게 보여 줄 개념적 틀을 전달하는 실재에 관한 이야기인 것이다.[8] 상상은 이야기를 구체화한다. 그리고 이성은 결과적으로 그 내용을 숙고한다.

그렇다면 이 접근법이 어떻게 '신앙의 합리성'(reasonableness of faith)을 실천하게 만드는가? 이성적 구조와 변증적 매력을 설명하는, 루이스의 유명한 '갈망 논증'(argument from desire)을 한번 생각해 보자.

루이스의 접근법이 시작되는 지점은 인간 경험이다. 즉 달성하기 어려울 만큼 끝이 없으며, 제대로 정의할 수 없고 정의되지도 않는 무언가에 대한 갈망이다. 루이스는 「나니아 연대기」를 비롯한 여러 작품에서 다양한 형태로 이 논증을 소개했다. 「예기치 못한 기쁨」(Surprised by Joy, 홍성사 역간)에서 루이스는 잘 알려지지 않거나 채워지지 않는 무언가에 대한 강한 갈망(그는 그것을 '기쁨'이라고 불렀다)을 느낀 어린 시절 경험을 소개했다. 벨파스트에서 지낸 어린 시절, 정원에서 꽃을 피우는 나무의 향기를 맡는다든지, 스웨덴 시인인 에사이아스 텡네르(Esaias Tegnér)의 방식으로 헨리 워즈워스 롱펠로(Henry Wadsworth Longfellow)의 시를 읽을 때 이러한 갈망을 경험한 것이다. 이러한 기쁨은 루이스의 일상을 아름다움과 놀라움으로 가득 채워 주었지만, 과연 그것이 의미가 있다면 그 의미는 무엇인가? 그것을 어떻게 보아야 이해할 수 있는가? 그것을 어떻게 해석해야 하는가?

무신론자일 때 루이스는 그런 경험들을 환상이라고 보았다. 하지만 그는 그런 환원적인 단순한 설명에 점점 만족할 수 없었다. 자신이 "기독교 신화"라고 명명한 것(여기서 루이스는 '이야기로 된 세계관'이라는 의미에서 '신화'라는 용어를 사용한다)과 점점 친근해지면서 루이스는 설명이 가능한 틀 안에서 자연스럽고 쉽게 수용되는 경험들을 인정하기 시작했다. 기독교가 주장하는 대로 하나님이 활동적으로 탐색하는 인격적 존재라면 어떤가? 그렇다면 하나님은 내 "어린 시절부터 나에게 기쁨의 화살을 쏜 근원"[9]으로 쉽게 이해될 수 있었다.

1941년, "영광의 무게"(The Weight of Glory)라는 설교에서 루이스는 아름다움을 향한 인간의 탐구를 설명하면서 이 주제를 좀 더 발전시켰다. 루이스는 이것이 실제로 세상 속에 들어 있지 않지만 세상에 있는 것들과 소통하게 하는 아름다움의 근원을 탐색하는 것이라고 주장했다. "음악에 관한 책들 안에 아름다움이 있다고 생각하고 기대한다면, 우리는 실망하고 말 것이다. 아름다움은 그 안에 있지 않기 때문이다. 아름다움은 그것들을 통해 주어진 것일 뿐이며, 그렇게 주어진 실체가 바로 갈망이다."[10] 기독교적 방식으로 보지 않는다면 이 갈망은 '대상의 불확실성'으로 남을 것이다. 그러나 사물의 진정한 목표는 규정되고 획득된다. 루이스는 기독교가 경험을 해석해서 우리를 진정한 목표로 이끌어 주는 지적인 틀을 제공한다고 주장한다.

「순전한 기독교」에서 루이스는 이 접근을 (여전히 '기쁨'의 경험을 이해하기 어렵다고 호소하면서) 조금 다르게 제시한다. 그가 염두에 둔 경험들은 인간의 스펙트럼 안에서 공유되는 것들로, 종종 '그곳에 무언가'가 있다는 의미의 일상 언어로 표현된다. 예를 들면 러시아의 위대한 소설가인 도스토예프스키는 그의 소설 「우스운 사람의 꿈」(*The Dream of a Ridiculous Man*)에 "내 마음의 꿈과 내 영혼의 몽상"에서 경험되는, 때로 감당할 수 없이 쓰라린 슬픔의 경계선에 있는 "향수의 갈망"(nostalgic yearning)을 언급했다. 20세기 가장 영향력 있고 표현력이 탁월한 무신론 작가 버트런드 러셀도 다음과 같은 말로 비슷하게 표현했다.

> 내 중심에는 언제나 영원해 보이는 끔찍스러운 고통이 있다. ······ 세상이 품고 있는 것 너머의 무언가에 대한 탐구, 변화되고 무한한 무언가, 즉 더없이 행복한 비전, 신(God)이다. 나는 그것을 발견하지 못했다. 아니 발견하지 못하리라고 생각한다. 그러나 그것에 대한 사랑이 곧 나의 삶이다. ······ 그것이 내 안에 있는 진정한 생명의 샘이기 때문이다.[11]

러셀의 딸 캐서린 테이트(Katherine Tait)는 러셀이 조직된 종교를 조롱한 것은 주로 그 종교에 속한 사람들을 싫어했기 때문이라고 회상했다. 그러나 테이트는 아버지가 일생에 걸쳐 자신이 의식하지 못하는 변장한 신을 추구했다고 생각했다.

> 아버지의 마음 뒤편 어딘가에, 그분의 심장 밑바닥에, 그분의 영혼 깊은 곳에는 신으로 채워진 적이 있었으나 그후로 그 어떤 것으로도 채울 수 없는 빈 공간이 있었다.
>
> 러셀은 이 세상에 속하지 않은 유령 같은 느낌에 사로잡혀 있었다.[12]

이것이 루이스가 강조한 경험, 즉 대단히 중요한 것을 발견하기 직전에 맴돌고 있는 듯한 느낌, 아주 가까이 있는 것 같은데도 다가

갈 수 없어 매우 안타깝게 느끼는 슬픔과 좌절과 관련된 것이다. 연기처럼 우리는 그것을 움켜쥘 수 없다. 루이스가 지적한 대로 "갈망하는 첫 순간에는 붙잡았지만 현실에서는 그냥 사라져 버리는 무언가가 있다."[13] 그렇다면 채울 수 없는 이 갈망은 무엇을 의미하는가? 무엇을 가리키는가?

루이스도 동의하겠지만, 어떤 사람들은 참된 것을 엉뚱한 곳에서 찾는 데서 이런 좌절이 생겨난다고 주장할지 모른다. 또 어떤 사람들은 그렇게 계속 찾는 것은 결국 실망만 가져다줄 뿐이므로 현 세계보다 나은 것을 찾으려는 시도 자체가 의미 없다고 주장할지 모른다.

그러나 루이스는 우리가 이 땅에서 추구하는 갈망이 단지 "우리의 진정한 고향을 본뜬 것이거나 메아리 또는 신기루"임을 깨닫게 하는 셋째 접근법이 있다고 말한다. 이 압도적인 욕망은 현 세상에 있는 무엇으로도 채워질 수 없다. 그렇기 때문에 이 셋째 접근법은 궁극적인 대상이 현 세상 너머에 있다고 주장한다. "이 땅의 어떤 경험도 만족시킬 수 없는 궁극적인 욕망이 나 자신 안에 있다는 것을 발견한다면, 이것을 설명할 수 있는 가장 그럴듯한 말은 내가 다른 세상을 위해 만들어졌다는 것이다."

그가 쓴 다른 변증적 글들에서처럼 여기서도 루이스는 성경이나 기독교 전통이 아닌 공유된 인간 경험과 관찰에서 접근하기 시작한다. 그것들이 어떻게 이해되는가? 변증가로서 루이스의 천재성은 성경과 기독교 전통에서 비롯된 관점이 어떻게 다른 관점(특히 그가 한때 빠져 있던 무신론적 관점)들보다 더 만족스럽게 인간의 공통된 경험을 설명할 수 있는지를 보여 주는 그의 능력에서 나타난다.

루이스의 변증적 접근은 인간의 공통된 경험이나 관찰을 파악하고, 그것이 어떻게 사물을 바라보는 기독교적 방식에 자연스럽고 그럴듯하게 들어맞는지 보여 준다.[14] 루이스에게 기독교는 지적으로 포용력 있고 상상적으로 만족스럽게 사물을 볼 수 있는 방법인 '큰 그림'을 제공한다. 루이스는 언제나 관찰과 경험에 근거해서는 어떤 것도 증명될 수 없다고 강하게 주장했다. 자연에 대한 관찰이나 개인의 경험은 어느 것도 증명하지 못한다. 다만 어떤 가능성, 그것이 의미하는 가장 근접한 것을 제시할 뿐이다. 루이스는 다음 글에서 바로 그것을 표현하려 했다.

> 진정한 철학은 자연의 경험을 검증할 수 있다. 하지만 자연의 경험은 철학을 검증하지 못한다. 자연은 신학적이고 형이상학적인 명제를 (또는 현재 우리가 생각하고 있는 방식으로는) 입증해 주지 못한다. 다만 그것이 무엇을 의미하는지 볼 수 있도록 도와줄 뿐이다.[15]

루이스의 접근은 이런 틀을 갖추고 있다고 볼 수 있다. 기독교는 자연 질서가 (우리 자신의 추론까지 포함하여) 모든 것을 창조하신 하나님에 의해 세워졌다고 주장한다. 그전에 히포의 아우구스티누스나 블레즈 파스칼이 주장한 대로 루이스는 하나님의 부재가 갈망을 경험하게 한다고 보았다(하나님을 향한 이 갈망은 유한하고 창조된 질서 안에 있는 무언가에 대한 갈망으로 오해되기도 한다). 따라서 회심이란 부분적으로 우리가 가리키고 있다고 믿은 대상이 사실은 다른 것이었다는 것을 깨달는 기호적 변화(semiotic transformation)다.

좀 더 형식을 갖추어 루이스의 논증을 설명하자면, 이렇게 설명할 수 있을 것이다. 우리는 이 세상의 경험으로는 결코 만족시킬 수 없는 욕망들을 경험한다. 그런데 기독교는 우리가 또 다른 세상을 위해 창조되었다고 말한다. 이런 관점으로 사물들을 볼 때, 우리는 정확하게 이러한 종류의 경험들을 예상한다. 그의 호소는 단지 냉정한 논리가 아니라 발견이라는 상상적 역학에 의존하는 본능과 상상을 향한 것이다. 루이스는 자신의 청중이 기독교라는 안경을 통해 그들의 경험을 보기를, 그리고 전에는 흐릿하고 희미해 보이던 것들을 그 안경이 어떻게 또렷하고 선명하게 보여 주는지 알게 되기를 바란다. 루이스에게는 경험을 자연스럽고 쉽게 수용하도록 해주는 기독교의 능력이 곧 기독교가 진리임을 보여 주는 지표였다. 그것은 결코 논증거리가 아니다. 오히려 이론과 관찰 사이의 조화를 관찰하고 확인하는 것이다. 이는 마치 자기 몸에 맞는 옷이나 모자를 입어 보고 써 보는 것과 같다. 얼마나 잘 맞는가? 우리가 하는 수많은 관찰은 그것을 수용할 수 있게 할 만큼 설득력이 있는가? 그것이 바로 루이스의 멘토인 G. K. 체스터턴이 "현상은 종교를 증명하지 못하지만 종교는 현상을 설명한다"는 말을 통해 전하고자 한 것이다.[16]

루이스의 '도덕 논증'(argumemt from morality)에서도 같은 접근 방식을 볼 수 있다. 이는 때로 터무니없을 만큼 단순하게 묘사되었는데, 예를 들면 "도덕적 의무감을 경험하는 것은 곧 신이 존재함을 증명하는 것이다"와 같은 말이 그렇다. 사실 루이스는 이렇게 말하지도, 생각하지도 않았다. 다만 '갈망 논증'이 그랬듯이 루이스의 논증은 도덕적 의무감에 대한 인간의 일반적인 경험이 기독교의 틀 안에서 자연스럽고 쉽게 수용될 수 있다는 것이다.

루이스는 경험과 (도덕성과 갈망과 같은) 본능이 '우주로 안내하는 무언가'가 있다는 '의문을 불러일으킨다'고 보았다. 갈망의 경험이 우리의 진정한 본향인 또 다른 장소를 본뜬 것이거나 메아리 또는 신기루인 것과 마찬가지로, 도덕적 경험은 "우리가 만든 것이 아니지만 그럼에도 순종해야 한다고 알고 있는 진정한 법이 있으리라"[17]는 의문을 품게 한다. 이 의문을 따라가다 보면 우리는 상당히 많은 상상과 설명의 가능성을 깨닫기 시작한다. 처음에는 그냥 떠올랐던 의문이 자연스럽고 설득력 있게 중요한 것으로 이해되는 확신으로 자라서 자리를 굳히게 된다.

그렇다면 루이스의 접근법에서 우리는 무엇을 배울 수 있을까? 여기서 특히 두 가지 점을 언급할 수 있을 것이다. 첫째, 루이스는 변증학이란 조금은 딱딱한 연역적 논증 형태를 취하지 않으면서도 사물을 기독교적인 방식으로 보게 하며, 그러한 관점에서 사물이 어떻게 보이는지를 탐구하는 초대로 이해되고 설명될 수 있음을 알도록 도와준다. 한번 사물을 이렇게 보려고 해보라! 세계관이나 메타내러티브를 렌즈에 비교할 수 있다면 어느 것이 더 선명하게 볼 수 있게 해주는가?

둘째, 루이스가 이성에 대해 표면적으로 호소하는 것에는 상상에 대해 내면적으로 호소하는 것이 포함되어 있음을 알아야 한다. 아마도 이것은 루이스가 근대 시대와 탈근대 시대의 사람 모두에게 호소력이 있는 이유를 이해하는 데 도움을 줄 것이다. 루이스가 전혀 다른 두 문화적 분위기 사이를 중재하는 위치를 의도적으로 만들려고 했음을 확실하게 증명할 수 있는 역사적 증거는 없다. 오히려 증거들은 그가 자연스럽게 이러한 방식으로 사물을 보았으며, 전혀 다른 두 사고 양식(modalities)을 통합하는 측면에서 그것을 결코 공식화하지는 않았음을 보여 준다. 그보다 루이스는 근대주의와 탈근대주의 각각이 지닌 강점을 확인하고 약점은 절묘하게 수용하여 둘 사이의 커다란 간극을 초월하는 시놉티콘을 제공했다.

그렇다. 루이스는 우주의 합리성을 인정한다. 우리로 차가운 논리와 따분한 논쟁의 세계에 빠지지 않게 하면서 말이다. 그렇다. 루이스는 우리의 상상력을 사로잡을 수 있는 이미지와 내러티브의 능력을 인정한다. 진리의 우선성을 놓치지 않으면서 말이다. 교회는 설교하고 사역해야 하는 훨씬 복잡한 문화 상황에 직면하는데, 루이스는 사역을 풍성하게 할 수 있는(또한 조심스럽게 제안하자면 문화적으로 합당하고 지적으로 설득력 있는) 통찰과 접근법을 제공한다.

마지막으로 루이스는 진리를 보여 주어 진리를 말한다. 그는 지적으로 수용력 있고 상상적으로 주목하지 않을 수 없는 기독교 신앙의 비전을 제공한다. 이것은 "신학은 시인가?"(Is Theology Poetry?)라는 에세이 끝부분에 나오는 정교한 문장에 가장 잘 요약되어 있는 것 같다. 상당히 강력한 시각적 이미지를 사용해서 루이스는 하나님을 세상의 합리성의 근거이자, 우리로 하여금 그 합리성을 이해할 수 있게 하는 분으로 보기를 요청한다. "나는 태양이 떠오른 것을 믿는 것처럼 기독교를 믿는다. 단순히 내가 그것을 보기 때문이 아니라 태양에 의해 다른 모든 것을 보기 때문이다."[18] 이처럼 아름답고 정교한 문장은 루이스 자신과, 신앙에 대한 그의 풍성한 이해 모두에 잘 어울리는 기념비다. 웨스트민스터 성당에서 제막식을 거행할 그의 기념비가 이 문장으로 장식되어 있다는 것은 얼마나 적절한가!

루이스와 제네바의 개혁가 장 칼뱅 사이에서 찾은 흥미로운 유사점을 지적하면서 이번 장을 마치고자 한다. 루이스와 칼뱅 모두 자녀가 없었다. 하지만 두 사람 모두 아내가 이전 결혼에서 얻은 자녀들의 양아버지였다. 비판하는 사람들이 그에게 자녀가 없다고 조롱했을 때 칼뱅은 흥미롭게 되받아쳤다. 누구든 그의 책을 읽고 그의 사고방식을 공유한 사람이라면 모두 자신의 자녀라고 주장한 것이다. 그렇게 보자면 칼뱅은 사실 엄청난 대가족을 가진 셈이다. 나는 루이스도 마찬가지라고 생각한다. 우리 중 많은 사람이 자신의 사고방식을 형성하는 데 루이스에게 깊은 영향을 받았다. 달리 말하면 우리는 그의 지적 DNA를 공유하고 있는 것이다. 육신적인 후손은 아니지만 루이스를 추종하는 많은 사람이 상상과 이성을 통해 그와 연결되어 있다. 앞으로 50년 뒤에는 더 많은 사람이 루이스를 추모하고 기념할 것이다!

8장 존 스토트
_복음과 문화에서 들음과 관계의 의미*

이번 장에서는 존 스토트의 신학에서 가장 흥미로운 면을 다루고자 한다. 바로 기독교 신앙과 우리의 세속 문화가 서로 대화를 나누게 하는 것과 특히 관련 있는 이른바 '이중 귀 기울임'(double listening) 개념이다. 지성의 제자도에서 이 부분은 복음에서 나아가 교회 너머 더 넓은 문화까지 이어지는 다리를 허락하는 것으로, 기독교 변증학에서는 특히 중요한 부분이다. 또한 이것은 충분한 다룰 만한 가치가 있는 신학적 질문들에도 마음을 열게 해준다.

나 자신을 포함해서 많은 사람이 존 스토트를 20세기 가장 영향력 있고 지혜로운 복음주의의 목소리라고 생각한다.[1] 2005년에 〈타임즈〉지는 스토트를 현존하는 가장 영향력 있는 100인 중 한 명으로 뽑았다. 나는 2011년 7월 그가 세상을 떠난 후에야 그가 얼마나 중

---

* 이 장은 2013년 4월 26일 런던 웨스트민스터 센트럴 홀에서 한 강연에 기초한 것이다.

요한 사람이었는지를 더 인정받았다고 생각한다. 그후로 많은 복음주의자가 스토트의 설교 방식이나 신학적 헌신을 따라하면 스토트처럼 성공을 누리게 될 것이라고 순진하게 추정했다. 그러나 애석하게도 그런 생각은 스토트 개인의 성향과 존경받는 원로로서 그의 인품에 주의를 기울이지 않은 채 그의 신학을 얄팍하게 반영하는 것일 뿐이다. 스토트는 이러한 자질들을 개인적인 영적 제자도의 일부분으로 발전시켰고, 그것들은 논란의 여지 없이 그가 끼친 영향의 기초가 되었다. 사람들이 그저 말로만 기독교 신앙의 실재를 이야기할 때, 스토트는 좀 더 깊이 들어가 그 실재를 구현해 냈다.

    스토트는 단순히 복음주의의 원로 이상이었다. 복음의 정수를 숙고한 것이나 교회에서 삶으로나 증인으로 그 정수를 성취한 것을 생각할 때 스토트는 당대 가장 탁월한 복음주의자였다. 스토트는 특히 변증과 오늘날 기독교 신앙을 어떻게 소통해야 하는지에 있어서 나의 사고에도 중요한 영향을 끼쳤다. 이 부분에서 그의 탁월한 생각들을 모은 것이 바로 1975년 옥스퍼드 대학에서 전한 일련의 강연을 기반으로 출간된 『선교란 무엇인가』(*Christian Mission in the Modern World*)라는 책이다.[2] 나는 1980년대 초 노팅엄에서 교구 사역을 할 때 처음 이 책을 읽었다.[3] 그리고 이번 장을 준비하면서 한 번 더 읽고 그의 분석이 얼마나 오래되지 않은 것인지에 충격을 받았다. 스토트가 제시한 사례들은 최신 정보로 갱신되어야 할 것이다. 그러나 그 저변에 깔린 그의 기본 생각은 여전히 중요하고 유용하다. 스토트의 기본 요점은 우리가 '불성실과 무관함이라는 정반대의 함정'에 빠지지 않고 오늘날 하나님의 세상에 하나님의 말씀을 효과적으로 전하기 원한다면 '이중 귀 기울임'의 역량을 발전시켜야 한다는 것이다.[4] 스토트의 '이중 귀 기울임' 개념은 독일의 철학자 한스게오르크 가다머(Hans-Georg Gadamer)의 '두 지평' 개념과 비교될 수 있다.[5] 이중 귀 기울임은 복음을 신실하고 효과적으로 세상과 연결하기 위한 수단으로, 성경 본문과 우리가 살아가는 주변 현실을 확실하게 이해할 것을 요구한다.

> 나는 우리가 어렵고 심지어 고통스럽기까지 한 '이중 귀 기울임'이라는 임무로 부름 받았다고 믿는다. 다시 말하면 우리는 오래된 말씀과 현대 세계 모두를 (물론 존중하는 정도는 다르지만) 주의 깊게 듣도록 부름 받았다. 그렇게 해서 신실하고 민감하게 이 둘을 서로 연결할 수 있어야 한다.[6]

스토트에게 복음은 오직 하나뿐이며, 우리는 그 복음을 마음대로 함부로 대할 수 없다. 그럼에도 우리는 그가 "우리 문화에 의미 있게 들리도록 재해석해야 할 엄중한 책임"이라고 부른 것을 인식해야 한다. 그리고 여기에는 우리의 문화가 이해할 수 있는 용어로 복음을 재해석해야 하는 신학적 번역 행위가 포함된다.

이중 귀 기울임에 대한 스토트의 개념을 좀 더 철저하게 다루기 전에 우리는 기독교 복음을 효과적이면서도 신실하게 소통하는 것을 논하는 그의 배경에 어떤 사항들이 있는지를 살펴보아야 한다. 우리가 던져야 할 첫째 질문은 과연 신약 성경이 우리에게 복음에 대한 오직 한 가지 형태 또는 한 가지 표현만 제시하는지다. 스토트의 증거들을 종합해 볼 때 그는 "기본적인 사도적 복음 전통은 유일하지만" 동시에 사도적 접근은 상황적이었다는 것(다른 말로 하면 '상황이 다르면 다르게 다뤄져야 한다'는 것)을 분명히 해야 한다고 주장한다.[7]

내가 볼 때, 스토트는 두 가지 점에서 옳다. 신약 성경이 복음이라는 용어를 다루는 방식은 그 복음이 초대 기독교 공동체 안팎에서 공유된 확실한 무언가였음을 분명하게 시사한다. 그러면서도 동시에 신약 성경은 복음이 다양한 방식으로 연주되었다고 증언한다. 내 생각에 이것은 사도행전에 기록된 설교들과 대조해 보면 분명하게 볼 수 있다. 사도행전은 신약 성경의 서신서에서 주로 볼 수 있는, 지적이고 실제적으로 복음을 적용하는 기독교 성찰과 대조적으로 초대 기독교에서 선포한 복음을 보여 주는 가장 중요한 증거라고 할 수 있다.

스토트는 바울이 안디옥 회당에서 설교할 때 택한 접근법과 아덴(아테네)의 아레오바고에서 설교할 때의 접근법을 비교하여 이 점을 강조한다. 나는 이 두 설교 모두를 오순절에 베드로가 전한 설교와 비교해 보면 그 차이를 더욱 뚜렷하게 볼 수 있다고 말하고 싶다. 각 상황에서 전파된 것은 분명 같은 복음이다. 그러나 청중과 그들의 상황이 각각 다른 것을 반영하여 복음을 전달한 방식은 매우 달랐다는 것을 주목하고 인정해야 한다.

유대인 청중에게 전한 오순절 설교에서(행 2장) 베드로는 구약 성경의 많은 구절을 인용하여 예수 그리스도가 어떻게 구약의 소망을 완성하는지를 말한다. 구약 성경을 전혀 모르는 일반 헬라인 청중에게 전한 아레오바고 연설에서(행 17장) 바울은 복음의 핵심 주제 일부를 전달하기 위해 헬라의 문화와 시문학의 사상들을 끌어온다. 같은 복음이지만 전혀 다른 문화 상황과 관련된 것을 반영해서 표현 방식을 달리 한 것이다.[8]

따라서 스토트는 복음이 처음 기록되었을 때의 역사적, 문화적 환경을 반영한다는 점에서 문화적으로 제한받고 있었다는 것(culturally conditioned)과, 이는 오늘날 우리가 복음을 전할 때 문화적으로 적절하게 적용할 것을 요구한다는 사실을 염두에 두고 있다.[9] 스토트는 하나님의 계시가 특정한 문화 상황에서 발생했으며, 따라서 그 계시를 바르게 이해하려면 그 당시 문화로 돌아가서 생각해야 한다는 점을 주목하는 데서 시작한다. 내 생각에 이는 매우 당연하다. 우리는 신약 성경이 주어진 상황을 염두에 두고 신약 성경을 신중하게 읽어야 한다.

스토트의 요점은 신약이 구체적인 역사적, 문화적 시점에 계시된 문서이며, 하나님의 진리를 소통하기 위해 문화 규범이나 용어와 같은 문화 상황을 사용했다는 것이다. 확실한 예를 들자면, 누군가를 만나기 위해 달려가는 것을 품위 없는 행위로 여긴 당대 문화를 알지 못할 때 우리는 탕자의 비유에서 돌아오는 아들을 보기 위해 아버지가 한 행동의 중요성을 제대로 이해하지 못한다(눅 15장). 그렇기 때문에 역사를 배제하고 신약 성경을 읽는 것은 의미 없을 뿐만 아니라 가능하지 않은 일이다.

스토트는 이에 반대되는 점도 즉각적이고 적절하게 언급했다. 이는 복음이 원래의 역사적, 문화적 상황에 제한된다는 의미가 아니며, 당시 문화와 연결되기 위해 우리의 생각을 성경과 끊어야 한다는 의미도 아니다. "우리가 동시대적이 되는 일에 관심이 없다면 상대적으로 (성경 자체에) 쉽게 충실할 수 있을 것이고, (성경 자체에) 충실해지는 데 애쓰지 않는다면 쉽게 동시대적일 수 있을 것이다."[10]

여기서 나는 스토트가 매우 유용한 원리를 사용하고 있지만 막상 그것을 적용하려고 하면 어려움에 봉착하리라는 생각을 피할 수가 없다. 하지만 나는 기꺼운 마음으로 스토트를 변호하기 원한다. 스토트는 우리가 감당해야 할 임무를 밝혀 우리 사고의 한계를 분명하게 해준다. 우리는 그저 신약 성경 말씀들을 읽어 주고 독자들이 그것을 이해하길 기대해서는 안 된다. 우리는 성경을 해석해 주고 문화적 토착어로 번역해 주어야 한다. 이 해석과 번역의 과정은 우리가 할 수 있는 것을 알려 주고 제한해 주는 특정한 틀 안에서 이루어진다.

신약의 헬라어를 영어로 번역하는 모든 행위도 결국은 해석 행위인 것 역시 기억하자! 바울에게 중요한 단어인 '디카이오시스'(δικαίωσις)를 영어로 번역한다면, 우리는 곧바로 하든, 나중에 하든 결국 그 단어를 해석하게 된다.[11] 그 단어를 '칭의'(justification)로 번역한다면, 우리는 그것이 무슨 의미인지 설명해야 한다. 일반적인 영어 용법에서 대부분 이 단어는 '어떤 행동을 정당하게 설명하는 것' 또는 '컴퓨터 문서에서 양끝에 맞추어 문장을 나란히 조정하는 것'을 의미하기 때문이다. 이 단어를 의역한다면, 우리는 다른 의미를 취하는 이유를 변호해야 한다. 칭의를 "그분[하나님] 앞에 우리를 바로 세워 주시고, 그분께 합당한 사람으로 만들어 주는 일"이라고 해석한 유진 피터슨의 「메시지」(*The Message*, 복있는사람 역간)나, (지금은 꽤 오래되었지만) 로마서 5장 1절 앞부분을 "이제 우리가 믿음으로 말미암아 하나님과 관계를 바르게 하자"(Now that we have been put right with God)라고 번역한 *The Good News* 성경을 생각해 보라.

충실함(faithful)과 동시대적(contemporary) 사이(다시 말하면 성경에 충실하고 소통에 있어 동시대적인 것)에는 틀림없이 긴장이 있다.[12] 하지만 스토트는 이러한 긴장이 창조적인 것으로서 한편으로는 신학적 진실성을, 다른 한편으로는 문화적 적실성을 유지시킨다고 분명하게 말한다. 바로 이것이 스토트의 대표작이라고 할 수 있는 「시대를 사는 그리스도인」(*The Contemporary Christian*, 1992, IVP 역간)에서 확실한 형태를 갖춘 '이중 귀 기울임'이라는 개념에 표현된 기본 원리다. 이 책 영국판에는 '이중 귀 기울임을 위한 긴급한 호소'(*An urgent plea for double listening*)라는 잘 알려진 부제가 달려 있다(미국판에서 부제를 '하나님의 말씀을 오늘의 세상에 적용하기'(*Applying God's Word to today's world*)로 바꾼 것이 개인적으로는 이해되지 않는다. 좋은 문장이기는 하지만, 같은 핵심을 말하는 것은 아니기 때문이다).

스토트는 이중 귀 기울임이란 한편으로 성경을 주의 깊게 듣고, 동시에 다른 한편으로는 세속 세상의 이성적 습관과 문화적 어법을 주의 깊게 듣는 것을 실현하는 것이라고 이해했다. 그의 목표는 세상이 이해할 만한 용어로 기독교 복음의 풍성함을 소통하는 것이었다.

> 우리는 이해하고 싶은 간절한 마음과, 이해한 것을 순종하고 믿기를 다짐하는 겸손한 공경의 마음으로 말씀을 듣는다. 또한 말씀을 이해하고자 하는 갈망으로, 그리고 반드시 그 말씀을 믿고 순종해

야 해서가 아니라 말씀을 지지하고 복음이 세상에 영향을 끼칠 방법을 찾는 은혜를 구하기 위해 다짐하는 마음으로 매우 조심스럽게 세상을 듣는다.[13]

신약 세계를 이해하는 것만으로는 충분하지 않다. 우리는 교회 밖 세상, 즉 전문적인 기독교 사역에 몸담고 있는 많은 사람에게는 낯선 그 세상과 복음을 연결하도록 부름 받았다. 이는 문화적, 지적으로 공감하는 행위를 요청하는 것으로, 설교자는 그 두 세계에 살면서 문화적이고 지적인 공감, 즉 둘을 잇는 다리를 구축하려 애써야 한다.

스토트는 1961-1974년에 캔터베리 주교였던 아서 마이클 램지(Arthur Michael Ramsey, 1904-1988)의 글에서 이러한 접근의 선례를 찾을 수 있었다. 램지는 기독교 교회가 교회와 관계를 맺은 적이 전혀 없거나 전에 잡고 있던 끈을 놓쳐 버린 사람들의 마음과 영혼 속으로 들어가야 한다고 호소했다. "우리가 우리 믿음을 말하고 권하려면, 밖으로 나가서 의심하는 사람들의 의심 속으로, 질문을 가진 사람들의 질문 속으로, 그리고 길을 잃은 사람들의 외로움 속으로 들어가야 한다."[14] 어떤 면에서는 램지에 대해 비판적이었지만, 스토트는 그와 같은 공감 행위는 필요하며 또한 가능한 것이라고 확실하게 느꼈다.

세속 사회의 목소리들을 주의 깊게 듣지 않고, 그들을 이해하기 위해 갈등하지 않으며, 우는 자들과 함께 울면서 그들의 좌절과 분노, 혼란, 낙심에 공감하려 하지 않는다면, 우리는 나사렛 예수의 제자로서 진정성을 잃게 될 것이다. 그 대신 우리는 (이미 사람들이 종종 말하는 대로) 아무도 묻지 않는 질문에 대답하고, 아무도 가려워하지 않는 곳을 긁어 주며, 누구도 요구하지 않는 것을 제공하는 위험에 빠질 것이다.[15]

억압당하는 자들의 고통스러운 부르짖음과 한숨을 이해하기 위해 설교자는 세상에 귀를 기울여야 한다. 그것은 그 일에 부름 받았다고 생각하는 사람들에게 특정한 기량을 요구한다. 무엇보다도 성경의 세계와 세속적인 문화의 세계에 깊이 잠기는 기량이 필요한 것이다.

그렇다면 우리는 어떻게 '세상에 귀 기울일' 수 있는가? 스토트는 자신의 사역에 결합시킨 두 가지 중요한 접근법을 제시했다. 첫째, 각 분야 전문가와 사적으로 대화하는 것이다. 이것은 산업 관계나 경제 문제와 같이 오늘날 그리스도인들이 직면하고 있는 문제들을 다루는 스토트의 설교에 늘 깔려 있었다. 둘째, 1958년 스토트가 랭함 플레이스 올 소울즈 교회에서 시작하여 1970년대에 더욱 발전시킨 독서 모임을 통해서다.[16] 이 독서 모임은 대학원생과 전문가 12명 정도가 모여 시작되었는데, 이들은 복음을 현대 세상과 연결하길 간절히 원한 현대 젊은 남녀들이었다.[17] 그들이 읽은 책에는 리처드 도킨스의 『이기적 유전자』(*Selfish Gene*, 1976, 을유문화사 역간)도 포함되어 있었다. 하지만 우리는 그들이 얼마나 잘 이해했는지를 물어야 한다. 독서 모임은 원서를 잘못 읽기 쉽다는 점을 고려해야 한다. 특히 도서가 그 모임의 문화적, 학문적 역량을 뛰어넘을 때는 더욱 그렇다. 최근 과학적 연구에 따르면, 1960년대 후반과 1970년대에 올 소울즈나 랭함이 대표한 문화는 사회학적으로 매우 제한되어 있었다.[18] 올 소울즈는 완고하리만큼 소수 중산층으로 유지되었는데, 이는 한편으로 스토트가 문화적으로 판단하는 데, 다른 한편으로 문화적 토착어로 신학을 번역하는 데 불가피하게 영향을 끼쳤다.

스토트의 이중 귀 기울임 개념이 비판받을 점이 있다면, 실제로 (의도적이지는 않았을지라도) 올 소울즈에서 진행한 독서 모임의 역과 기능으로 그 개념에 지나치게 의존한 방식일 것이다. 좀 더 주의 깊고 지적으로 현대 세계를 경청하려는 목표는 잘못된 것이 아니다. 그러나 스토트의 독서 모임 회원들이 제시한 질문들은 그리스도인이 어떻게 세속 사회를 이해하는지, 특히 그것이 왜 문제가 되는지를 발견하는 데 도움이 되었을지 몰라도 세속 문화가 어떻게 기독교를 이해하는지(또는 오해하는지)를 아는 데는 그리 큰 도움이 되지 못했다. 내가 보기에는 책을 통해서가 아니라 그리스도인들로 하여금 실제로 이 두 세계의 시민이 되어 동료 그리스도인들이 교회와 세상을 연결하는 다리가 되도록 도와주는 것이야말로 그리스도인이 세속적 사고방식에 들어가는 최선의 길이다. 이중 언어를 사용하는 사람은 통역가가 필요 없다.

스토트는 신학을 문화적 토착어(cultural vernacular)로 번역하는 어려운 작업에 선뜻 직접 맞섰다. 내 생각에 이와 관련된 가장 탁월한 시도는 1982년에 출간된 「현대 교회와 설교」(*Between Two Worlds*, 생명의샘 역간)가 아닐까 싶다. 이 책에서 그는 청중이 복음의 현실을 이해할 수 있도록 도와서 성경의 세계와 현 시대를 연결하는 것이 설교자의 역할이라고 규정한다. 이 책은 예수 그리스도의 중요성이 어떻게 현대 문화의 표현으로 번역될 수 있는지를 탁월하게 보여 준다. 다음의 짧은 요약이 이 점을 잘 나타낼 것이다.

> 그리스도를 만난다는 것은 현실을 만져 보고 초월을 경험하는 것이다. 그분은 우리를 향한 하나님의 사랑을 확신케 하셔서 자존감과 인격적 중요성을 부여한다. 그분은 우리를 위해 죽으셔서 우리로 죄책에서 자유롭게 하시고, 우리를 다스리셔서 우리를 마비시킨 두려움에서 자유롭게 하신다.[19]

이 모든 진술은 철저하게 신약 성경에 근거한다. 하지만 스토트는 단지 이 진술 내용을 깨닫게 하는 데 멈추지 않고, 좀 더 깊은 차원에서 복음을 현대 문화의 관심과 분위기, 염려와 연결하여 이 진술들을 번역하는 데 성공했다. 이런 과정에서 스토트는 성경 해석에서 성령이 하시는 역할을 축소시키거나 부인하지 않았다. 다만 설교자로서 그 직분의 책임을 수행했다.

그렇다면 이 복음은 무엇인가? 스토트의 간결한 대답은 탁월하고 매력적이다. "하나님의 복된 소식은 예수다."[20] 기독교 역사에 대한 연구가 분명히 밝히듯이, 각 시대는 '하나님의 복된 소식은 예수다'라는 기본 사상을 성경에 충실하면서도 각자의 문화적 토착어로 번역하려고 애써 왔다. 나는 이러한 시도 가운데 어떤 것들은 호도되었고, 어떤 것들은 의도는 좋았지만 결함이 있었고, 또 어떤 것들은 매우 탁월했다는 데 동의한다. 그러나 이 모든 것은 주어진 문화적 상황에서 잠정적으로 복음을 진술한 것들이다. 즉, 어느 것도 최종적이지 않다. 문화는 변하기 때문이다. 과거에는 잘 들어맞았지만 현재는 쓸모없어져 버린 특정한 역사 형태를 지나치게 강조하면서 오직 그 형태로 기술해야 한다고 고집하며 복음을 옭아매어서는 안 된다.

기독교는 설명되어야 한다. 성경은 해석되고 적용되어야 한다. 우리는 둘 모두에 능동적인 매개자로 관여하여 (복음을 현대 사상으로 변질시키지 않으면서 사람의 마음과 삶에 다가갈 수 있게 하여 복음이 변화와 새롭게 함의 역사를 일으키도록) 복음의 현실을 현대 언어로 번역해야 한다. 문화적 번역이라는 예술의 달인인 스토트는 그 작업을 복음이 청중의 영혼 속으로 들어가는 출입문으로 보았다.

스토트의 대표적 진술로 돌아가 보자. "하나님의 복된 소식은 예수다." 처음 이 말을 읽었을 때 나는 흥분했다. 나는 예수 그리스도에 관한 메마르고 지나치게 지적인 이론들에 지쳐 있었다. 그 이론들은 종종 마치 복음이나 복음의 핵심 인물에 대한 신약 성경의 증언 자체를 대변하는 것인 양 소개되기도 했다. 초기 기독교 전도를 묘사하는 사도행전 구절들에 대한 스토트의 숙고는 논란의 여지가 없기를 바라는 이 강력한 결론으로 그를 인도했다. "예수 그리스도는 복음의 심장이자 영혼이다."[21] 나는 기본으로 돌아가라는 이 요청이 나를 새롭게 하고 자유케 하는 것을 발견했다. 또한 내 생각에 이 부분에서 스토트가 전한 지혜는 우리의 생각 전반에서 무게 있게 다루어져야 한다.

J. 오스왈드 샌더스(Oswald Sanders, 1902-92)가 명명한 대로 (1952년에 출간된 그의 고전적 경건 서적의 제목을 빌리자면) 복음은 '비교할 수 없는 그리스도'(Christ Incomparable)에 관한 것이다.[22] 당대 최고의 선교 전략가였던 샌더스는 예수 그리스도를 온전한 광채와 경이로움과 영광으로 선포해야 함을 알았다. 이 세상 어디에도 그리스도를 축소시키고 빈약하게 선포해야 할 곳은 없었다. 세상에 도전하고 설득하기 위해서 우리는 온전함과 경이로움 가운데 그리스도를 세상에 선포해야 한다. 더 나아가 샌더스는 단지 강해적인 정확성에만 초점을 맞추는 위험을 경계해야 한다고 경고했다. 그것은 본질적인 내용인 예수 그리스도의 생명력 있는 실재에서 관심을 돌려 단지 성경 텍스트에만 초점을 맞추게 하기 때문이다.

이는 예수의 살아 있는 인격적 '실재'를 예수에 관한 '이론'으로 대치하려는 위험을 상기시킨 C. S. 루이스의 글에서도 자주 언급된 점이다. 복음은 이론이 아니다. 인격이다. 물론 이 인물이 왜 그토록 중요한지 설명해야 하며, 거기에는 해석이 필요하다. 그럼에도 이 해석은 그리스도의 인격적 실재에 '첨가되는' 것일 뿐이다. 몇몇 사람이 그리스도의 인격적 실재를 그에 관한 정확한 언어적(verbal) 공식으로 축소시키는 것이 나는 우려스럽다. J. I. 패커가 예리하게 관찰한 대로 이는 신학적 정통을 단지 순전한 언어적 수준으로 표기하는 '말에 의한 칭의'(justification by words) 교리를 대변하는 것이다.

나는 오늘날 영국 복음주의가 지닌 염려스러운 특징(이전 세대의 영적 삶을 풍성하게 해주고 영적으로 성장하고픈 갈망에 도움을 준 사람들의 역량을 다룬 경건 서적들을 만들어 내지 못하는 것) 뒤에 이 문제가 숨어 있다고 본다. 앞서 나는 샌더스의 책 「비교할 수 없는 그리스도」(*Christ Incomparable*)를 언급했다. 그밖에도 1924년에 출간된 오스왈드 챔버스의 「주님은 나의 최고봉」(*My Utmost for His Highest*, 토기장이 역간)과 같은 고전들을 어렵지 않게 더할 수 있다. 지나친 신학적 정밀함에 집착하거나, 축소된 이론적 틀을 통해 그리스도를 보려는 빈약한 움직임은 경건한 초점을 잃어버리게 만들었다. 그리고 특히 '믿음으로 자라 감'을 예수 그리스도를 향한 깊은 사랑과 헌신보다는 신학적 이론에 익숙해지는 것으로 보려는 건전하지 못한 경향을 권장했다. 제자도는 단순히 신학적 지도에서 그리스도를 바른 자리에 두는 일이 아니다. 그리스도를 따르는 것이다.

이즈음에서 명확하게 해두고 싶은 것이 하나 있다. 나는 거듭 신학의 가치를 주장하고, 특히 니케아 신경과 같은 신경들의 신학적 틀로 보호되는 그리스도의 참된 정체성과 의미를 이해하는 것이 매우 중요하다는 사실을 강조한 사람으로서 이 말을 하고 있다는 것이다.[23] 나의 우려는 기도와 예배를 통해 만날 수 있는 그리스도의 인격에서 그리스도에 관한 교리를 분리하는 사람들을 향한 것이다. 바르게 이해한다면 그러한 교리들은 예수 그리스도에 관한 본질적이고 특별한 것들을 보전해 주는 벽과 울타리가 된다. 그럼에도 교회는 그 벽과 울타리가 아닌 그리스도 자체를 전하도록 부름 받았음을 잊지 말아야 한다.

이제 이번 장의 실들을 함께 엮을 시간이 되었다. 나는 스위스의 신학자 에밀 브루너가 기독교 선교에 관해 중요한 성찰을 하면서 남긴 말에 몹시 충격을 받았다. 브루너에게 복음은 변함없이 영원한

적실성을 잃지 않은 채 꾸준히 다시 표현하고 재진술할 것이 요구되며, 또한 그런 요구가 합당한 것이었다. "참으로 영속적 신학(*theologia perennis*)이 아닌 영속적 전도(*evangelium perennis*)가 있다. …… 복음은 한결같지만 우리가 복음을 이해하는 바는 늘 새로워야 한다."[24] 우리는 청중과 이어 주는 용어와 장르로 복음을 설명하며, 그 복음의 실재를 표현하기 위해 그들의 언어를 사용하고 그들에게 들으려고 해야 한다. 우리 앞에 놓인 도전은 성경에 충실하면서도 현대 문화와 연결된 궤도를 이탈하지 않는 것이다. 어떻게 하면 이 일을 가장 잘 할 수 있을지를 실제적으로 토론하길 제안한다. 더 나아가 소멸되고 사라져 버린 세계에 갇히지 않으면서 과거 유산을 가치 있게 다루는 것이 제자도 과정의 일부임을 제안한다.

따라서 스토트는 내가 보기에 '지성의 제자도'에서 매우 중요해 보이는 한 면을 제시해 주었다. 믿음으로 자라 가기 위해 우리는 기독교 신앙과 교회의 울타리 너머에 있는 더 넓은 문화를 알아 가고, 그래서 이 둘이 대화할 수 있게 하라는 부름을 받았다. 기독교와 자연 과학을 연결하는 나의 사역은 이 주제의 중요성을 인식시켰고, 신앙과 문화의 경계에 거하도록 다른 사람들을 격려하는 일이 왜 필요한지를 확인시켰다. 스토트가 호소한 이중 귀 기울임은 여전히 지혜로운 전략이다. 점점 복잡해지고 세분화되는 이 시대 문화에서 그것을 실행하려면 더 큰 지혜가 필요하다.

9장 J. I. 패커
_신학과 영성*

이번 장에서는 기독교 제자도에서 (친구들은 짐[Jim]이라고 부르는) J. I. 패커의 중요성을 생각해 보고자 한다. 매우 당연한 질문으로 시작해 보자. 20여 년 전, 나는 패커의 신학적 전기를 썼다.[1] 그 전기를 왜 썼을까? 왜 나는 계속 전기를 쓰는 것일까? 사실 최근에는 C. S. 루이스의 지적 전기(intellectual biography)를 썼고(2013), 잊힌 스위스의 신학자 에밀 브루너의 전기도 썼다(2014).[2] 그 이유를 설명하고자 한다.

우리는 모두 신학을 종종 단순히 추상적 사상이라고 생각하며, 신학자란 구현되지 않은 사상들을 머릿속에 넣어 가지고 다니면서 요구될 때 풀어 낼 수 있는 능력을 가진 사람들, 즉 사상의 보관소 정도로 생각한다. 신학적 전기를 쓰면서 나는 기독교의 핵심 사상들이 어떻게 삶에 일부가 되어 사람들을 바꾸었는지 연구할 수 있다는 것

---

* 이 장은 2016년 11월 17일 텍사스 주 샌안토니오에서 열린 복음주의 신학회(Evangelical Theological Society)에서 한 강연에 기초한 것이다.

을 알게 되었다. 다시 말하면 그것은 우리가 생각하는 방식을 포함해서 삶을 바꿀 수 있는 기독교의 역량을 이해하고 깨닫도록 도와준다. 실제로 로마서 12장에서 바울은 자신의 독자들에게 "이 세대를 본받지 말고 오직 마음을 새롭게 함으로 변화를 받[으라]"고 강력하게 권하지 않았는가!

1990년대에 그의 신학적 발전에 관해 패커와 이야기를 나누고 그 후 그의 저서들을 통해 그 사상들을 연구하고 분석하면서 나는 신학이 어떻게 기독교 신앙의 성찰적 거주지가 될 수 있는지를 깨달았다. 나는 패커 자신이, 그리고 패커가 사랑하고 존경한 청교도 저자들이 신학을 그렇게 이해한 모습들을 본다. 그래서 내가 말하고 싶은 첫째는 바로 이것이다. 패커는 신학이 바르고 적절하게 이해될 때 어떻게 삶을 바꿀 수 있는지 보여 주었다는 것이다. 단지 우리의 사상을 교정해 주는 것이 아니다. 그것은 우리 마음을 새롭게 하고, 결과적으로 우리 삶의 방향을 재조정하며 활력을 불어넣어 준다.

전반적으로 패커에게 신학이 어떤 중요성을 지녔는지 보여 줄 몇 가지 주제를 살펴보자. 패커가 가장 강조한 한 가지는 무비판적인 개인 경건에서 비롯될 수 있는 산만한 사고를 점검하기 위해 우리에게 신학이 필요하다는 것이다. 경건 그 자체는 좋은 것이라고 생각한다. 나는 예수 그리스도를 나의 주님이자 구주로 사랑하며 그리스도와의 관계를 공공연하게 말하기를 조금도 부끄러워하지 않는다. 하지만 여기에는 위험이 있다. 패커는 이 위험을 예리하게 경계한다. 개인 경건은 신앙에 관한 무분별한 사고로 변질될 수 있는데, 이는 온갖 종류의 적절치 못한 판단으로 우리를 이끌기 때문이다. 패커는 당시 거룩에 관한 가르침을 권장하는 케직(영국에서 있었던 부흥 운동_옮긴이)의 주장을 쓴 그의 초기 글(1955년 〈Evangelical Quarterly〉에 발표한 논평)에서 이 점을 확실하게 지적했다. 이 글에 나오는 신학적 논평 한 줄을 들어 보라. "펠라기우스주의는 신학에 관심 없는 열정적인 그리스도인들이 범하는 자연스러운 이단 행위다."³

이 문장에 들어 있는 신학적인 간결함과 통찰에 감탄하지 않을 수 없을 것이다. 밴쿠버에 있는 리젠트 대학의 동료들이 종종 "천부적인 패커, 이름대로의 패커(Packer)!"라고 재담처럼 말하듯이 패커의 가장 큰 장점은 매우 복잡하고 뉘앙스가 다양한 주제도 감칠맛 나게 요약할 수 있는 응집력이다. 그는 한편으로 인간 본성에 대한 복음적 현실에, 다른 한편으로는 하나님의 은혜가 지닌 변화시키는 능력에 우리가 주의를 기울이지 않은 것이 개인 경건이 엉뚱한 방향으로 열정을 지피게 된 근본 문제라고 지적한다.

신학적으로 사고하는 것이 중요한 이유도 바로 이것이다. 1990년대에 패커의 전기를 쓸 때, 1950년대에 당시 영국 성공회의 신학 대학이던 브리스틀의 틴데일 홀에서 공부한 그의 많은 제자를 만났다. 그들은 대학의 아침 식탁에서도 신학에 관해 말하고자 한 그의 열정을 소중하게 기억하고 있었다. 그들은 당시의 중요한 신학적 질문(예를 들자면 하나님의 주권과 인간의 자유의 관계와 같은 질문)들을 물었을 때 패커가 답변하는 방식을 높이 평가했다. 패커는 미리 준비된 답변을 하는 것이 아니라 자신의 신학적 작업을 보여 주었다. 그들 중 한 명에 따르면 패커는 앵무새처럼 다른 사람의 대답을 전하는 것이 아니라 자기만의 신학적 틀을 개발할 수 있도록 신학 하는 법을 그들에게 가르쳐 주었다. 그들은 패커가 몹시 귀한 신학적 자산이었다고 고백한다. 나는 그들의 평가를 다시 상기시키길 원한다. 수십 년이 지난 후 브리스틀에서 강의할 때, 그리고 최근 수십 년 동안 리젠트 대학에서 강의할 때에도 여전히 패커는 학생들에게 과정의 결과를 소개하기보다는 스스로 신학 하는 법을 보여 준 사람으로 기억되었다.

패커가 신학을 접근하는 방식 가운데 나에게 늘 감동을 준 점은 자신의 신학적 성찰의 뿌리를 성경과 연결 짓기 위해 굉장히 애썼다는 것이다. 밴쿠버 리젠트 대학에서 발표된 문서들을 보관하는 기록 보관소를 뒤져 보면, 성경에 대해 패커가 강의한 내용들을 모아 둔 보물 상자를 발견할 수 있다. 예를 들면 그는 2016년 리젠트 대학에서 여름 학기에 두 강의를 진행했다. 하나는 영국의 유산에 관한 것이고, 다른 하나는 골로새서에 관한 것이었다. 성경과 무관하게 조직 신학을 가르칠 위험은 늘 존재한다. 물론 복음주의자들은 결코 그런 일이 없다고 주장할 것이다. 하지만 현실에서는 때로 무의식중에라도 그렇게 하고 있다고 생각한다. 예를 들면 신학에 접근하는 판에 박힌 방식을 그대로 적용하는 것이다. 이는 우리가 선제된 신학 구조에 비추어 성경을 읽지만, 성경 본문 자체를 통해 깨닫고 도전받게 만드는 신학 구조는 용납하지 않는다는 뜻이다. 내 생각에 성경 본문에 대해 원칙에 근거한 패커의 신중함은 틀림없는 그의 신학적 덕목이다.

그렇다면 우리는 성경을 어떻게 읽어야 하는가? 복음주의를 향한 많은 비판 중 하나는 복음주의가 몹시 개인적인 성경 읽기를 변호한다는 것이다(패커는 이런 접근 방식을 '외톨이'[Lone Ranger] 접근 방식이라고 불렀는데, 이는 '교만하고 참을성 없이' 교회와 교회 전통에 등 돌린 사람들이 채택한 방식이다).[4] 나는 개인의 삶에서 성경적 진리에 근거를 두는 것이 얼마나 중요한지에 관한 논쟁은 잠시 접어 두려고 한다. 그러나 우리 모두 잘 아는 대로 개인의 관점과 판단은 신학적으로 한정적인 것이 될 위험이 있다(우리는 실제로 이런 일이 일어나는 것을 자주 목격한다).

그러면 우리는 어떻게 해야 하는가? 패커는 내가 개인적으로 계속 적용하길 원하고 여전히 유용한 답의 출발점을 제시한다. 우리는 성경을 다른 사람과 함께 읽는 법을 배워야 하는 것이다! 1996년 그의 대표적인 에세이라고 할 수 있는 "오르(19세기 스코틀랜드의 신학자_ 옮긴이)로부터: 문화적 위기와 이성적 현실주의, 성육신의 존재론"에서 패커는 신학에 대한 자신의 접근법을 이렇게 묘사했다.

> 나는 진정으로 성경적이고 고백적인 기독교 정체성의 주류, 곧 이 땅에 있는 교회가 시작될 때부터 고유한 특징으로 유지해 온 고백적이고 예전적인 위대한 전통을 통해 보는 것에서 신학을 한다.[5]

패커는 '과거의 위대한 선생들과 정기적으로 함께하는 것'은 그러지 않았다면 우리가 거부했을 지혜에 눈을 뜨도록 도와준다고 말한다.[6] 그리고 패커는 자신의 이 원칙에 늘 충실했다. 이 시대 교회에 청교도가 적합한지에 관한 그의 세밀한 연구를 생각해 보라. 청교도에 대한 패커의 애정은 골동품 수집가의 호기심에서 비롯된 것이 아니라 청교도의 언덕에 황금이 있다는 뜨거운 확신에서 비롯된 것이다. 그는 개인적으로 이것을 발견했고, 이 지혜를 다른 사람들과 나

누고 싶어 했다.⁷

패커가 청교도주의에서 본 것은 신학적으로 엄격하지만 목회적으로나 영적으로는 매력적인 운동이었다. 1990년대에 출간된 그의 여러 저서에서 우리는 패커가 기독교 유산이 담긴 보물 상자에 관심을 가지고 현대 기독교에 그 상자를 열어 보이고 있다는 것을 알 수 있다. 기독교 신학과 그리스도인의 삶 사이에는 인위적인 구분이 없었다. 청교도처럼 패커는 교회와 결합된 신학자로서, 신학자에게 자연스러운 자리는 바로 신앙 공동체 안이라고 보았다. 신학자는 하나님의 사람들 위에 군림하거나 그들 밖에 있는 사람이 아니라, 이 신앙의 여정을 함께하면서 좀 더 엄격하고 좀 더 심오하게 생각하도록 격려하고픈 마음에서 사람들에게 이야기하는 사람이다.

여기에는 우리가 이해하고 인정해야 할 중요한 점이 있다. 이는 루이스의 글에서도 발견되는 것이다. 패커와 루이스 둘 다 시간의 흐름에 따라 과거의 것들은 가치나 쓸모가 없고 최근의 것일수록 최고라고 생각하는 '시간적 속물근성'을 개탄했다. 두 사람은 모두 우리에게 과거로 들어가 그 안에 있는 풍성함을 취하길 권한다. 물론 우리와 마찬가지로 그들도 실수를 범할 수 있으므로 비판 없이 무조건 받아들이라는 뜻은 아니다. 하지만 시간의 흐름은 일부 신학이 어떻게 여전히 그 힘과 직관을 유지할 수 있는지 보게 하고, 오늘날에도 그 신학을 끄집어내어 새롭게 사용하는 길로 초청한다.

여기에는 역사 신학을 어떻게 공부해야 하는지에 대한 중요한 의미가 함축되어 있다. 과거를 공부하면서 우리는 스스로 신앙의 실험실로 들어가 과거의 성경적 확신과 변증적 가능성, 그리고 하나님을 향한 우리의 사랑을 깊게 하는 능력(여기서는 세 가지 기준을 언급했지만 더 많을 수 있다)에 대한 과거의 사상들이 어떻게 발전되고 연구되며 점검되었는지를 볼 수 있다.

패커는 복음주의적 그리스도인들에게 성경 자체를 무시하거나 가볍게 여기지 않으면서 루터나 칼뱅, 조나단 에드워즈와 같은 (그 외에 많은) 저자들이 우리로 믿음을 교육하고 양육하는 데 어떻게 도와줄 수 있는지를 보여 주었다. 패커의 용어를 빌리자면 에드워즈와 같은 저자들은 우리가 신학을 하는 데 권위적인(magisterial) 역할이 아니라 봉사적인(ministerial) 역할을 해준다. 패커가 볼 때 에드워즈의 성경 읽기와, 그것을 적용하는 것은 (성경 자체를 멀리하거나 성경과 무관하지 않은 상태라면) 오늘날 우리에게도 도움이 된다. 기독교의 과거는 채석장과 같다. 우리는 (물론 신중하면서도 긍정적으로) 그 풍성함을 파헤치고 적절하게 사용하여 적용하도록 초대받았다. 우리는 과거의 실수에서도 배울 수 있다(때로는 그것이 배움의 최고 이유이기도 하다).

과거의 풍성한 신학적 유산은 복음을 새로운 눈으로 보게 한다. 또한 그것은 우리의 비전을 새롭게 해주고 우리의 한계에 도전하여 기독교 신앙에 대한 우리의 비전이 더욱 풍성해지는 데 도움이 된다. 나는 자신의 눈이 충분하지 않다는 것을 인지하고 "다른 사람의 눈을 통해 볼 것"이라고 한 C. S. 루이스에게 패커도 동의하리라고 확신한다. 패커와 루이스는 모두 과거의 고전과 대화하는 나름의 방식을 개발했다. 루이스에게 문학은 우리의 것뿐만 아니라 "다른 사람의 눈으로 보게 만들고, 다른 사람의 상상으로 상상하게 만들며, 다른 사람의 심장으로 느끼게 만든다."[8] 그리고 이것은 아우구스티누스, 루터, 칼뱅, 에드워즈, 그리고 패커를 읽을 때 내게 일어나는 일이기도 하다.

여기서 강조해야 할 또 다른 점이 있다. 바로 패커가 신학과 영성은 따로 떼어 놓을 수 없다고 강력하게 주장했다는 사실이다. 우리는 많은 신학교에서 이 둘을 다른 주제로 다룬다는 것을 잘 알고 있다. 하지만 오늘날 이 둘을 구분하는 것은 사실 전문 영역의 정치학과 전문 분야의 예의를 반영한 것임을 말하고 싶다. 패커는 오랫동안 신학과 영성의 상관관계를 인식했고, 이 친밀한 관계가 청교도주의에서 구현되었다는 것을 알았다. 그는 회심 후 얼마 지나지 않아 청교도주의의 글들이 자신 안에 있는 영적인 갈등을 깊고 설득력 있게 말하고 있다는 것을 발견하고, 청교도주의에 관심을 기울이기 시작했다.

패커는 기독교 신학을 바르게 이해하는 것이 어떻게 자연스럽고 당연하게 참된 영성으로 인도하는지를 독자들이 알 수 있도록 도와주기 위해서 청교도 전통을 캐내어 왔다. 신학과 기도와 경배의 관계는 지속되고 확인되어야 한다. 패커의 글들에서 이것을 강조하는 것을 보며 나는 그의 이 일반적인 원리에 표본이 될 만한 진술을 따로 다루는 것이 공평하다고 생각하였다. 곧 리젠트 대학에서 1989년 12월에 최초로 상우 유통 치(Sangwoo Youtong Chi) 신학 교수로 임명되면서 "조직적 영성에 대한 개론"이라는 탁월한 제목으로 전한 취임 강의가 바로 그것이다. 패커는 그 강의에서 신학과 영성은 절대로 분리될 수 없다고 역설했다. 그는 "하나님을 신뢰하고 사랑하며 순종하고 섬기며 영화롭게 하는 관계적 활동"에서 어떻게 신학을 분리할 수 있는지 반문한다.[9] 아마도 이러한 접근을 확장하여 적용한 것이나 대표적인 예를 패커의 가장 유명한 책 「하나님을 아는 지식」(Knowing God, IVP 역간)에서 볼 수 있을 것이다. 그러나 나는 그의 취임 강의에서 좀 더 집중되고 분명한 형태를 볼 수 있다고 생각한다.

「하나님을 아는 지식」을 언급한 김에 1973년에 출간된 이 풍성하고 영향력 있는 저서를 좀 더 이야기해 보자. 고전이 된 이 책은 '고전'으로 불리기에 합당하다. 이 책에 관해서는 할 말이 많지만 두 가지만 말하려고 한다. 첫째, 이 책은 패커에게 실제로 동전의 양면이라고 할 수 있는 조직 신학과 영성을 지속적으로 연관시킨다. 사상을 이해하는 것과 그 사상들에 의해 변화하는 것을 서로 연결하는 것은 기독교 제자도에서 대단히 중요하다. 이렇게 표현해도 된다면, 하나님을 바라보는 기독교적 관점을 붙잡는다는 것은 곧 하나님의 관점에 붙잡혀 우리의 생각과 행동이 변화되는 것이다.

또한 두 번째 점이 있다. 4세기에 세라피온(Serapion)에게 보낸 편지에서 알렉산드리아의 위대한 신학자 아타나시우스는 신학에서 단어가 중요하다고 강조했다. 때로는 성경적 진리를 표현하기 위해 비성경적인 용어를 사용해야 함을 강조한 아타나시우스는 기독교 신앙의 핵심인 위대한 진리들을 표현하기에 적당한 용어를 발견하는 데 깊은 관심이 있었다. 나는 이 점을 「하나님을 아는 지식」에서도 발견한다. 신적 진리를 표현하는 데 가장 적당한 단어를 정확하고 무게 있으며 정교하게 탐구한 내용이 그 책에 담겨 있다. 아마도 패커는 플로베르(Flaubert, 19세기 프랑스의 소설가_ 옮긴이)처럼 난해하면서도 가장 적절한(mot juste) 표현을 항상 찾고 있었는지도 모른다.

최근의 많은 서적에서는 좀처럼 찾아보기 힘들지만 「하나님을 아는 지식」의 특징 중 하나라 할 수 있는 것을 강조하고 싶다. 바로 우아하면서도 분명한 산문(prose)이다. 패커는 일부 신학자들이 선호하는 따분한 기술적 저술 방식과, 안타깝게도 일부 사람들이 선호하는 거만스러운 장황함을 피한다. 「하나님을 아는 지식」에서 몇 문장을 인용해서 내가 말하려는 점을 입증해 보자.

> 그러므로 무엇보다 중요한 것은 내가 하나님을 안다는 사실이 아니라 더 큰 사실, 곧 그분이 나를 아신다는 사실이다. 나는 그분의 손바닥에 새겨져 있으며 그분의 마음에서 떠난 적이 없다. 그분에 대한 내 모든 지식은 그분이 한결같이 먼저 나를 아셨다는 사실에 의존한다. 그분이 먼저 나를 아시고 계속 나를 아시기 때문에 나도 그분을 안다. 그분은 나를 친구로, 사랑하는 자로 아신다. 그분이 나에게서 눈을 떼거나 나를 향한 관심이 장애를 받는 순간은 없으며, 따라서 그분의 돌보심이 흔들리는 순간도 없다.[10]

여기서 패커는 좋은 신학이란 읽기 어려운 것이 아님을 보여 준다. 이 문장들의 리듬과 억양은 설교자, 곧 단어의 중요성을 알아서 매우 신중하고 관심을 기울여 단어를 선택한 신학자의 것이다. 패커는 내가 자신에게 아부한다고 생각할지 모르지만, 나는 그의 글과 루이스의 글에서 비슷한 점을 발견한다. 「하나님을 아는 지식」을 읽으면서 나는 패커가 단순히 청교도 선구자들의 신학적 확신뿐 아니라 독자들의 심장과 영혼과 소통하려는 그들의 열정도 반영한다고 보았다. 이미 언급한 대로 신학자들은 신학 사상을 담은 빈 그릇이 아니라 그 사상과 가치를 자신의 삶에서 보여 주고 실천하는 살아 있는 영혼이다. 내가 이와 같은 언어적 우아함과 품위를 갖추지 않은 다른 신학자들의 저술을 인용하여 신학적 점수를 받으려고 한다면, 그것은 몹시 쉽지만 유치한 일이 될 것이다. 사실 나 자신도 내가 쓴 책 가운데 몇몇 문단을 인용하여 효과적으로 이 일을 할 수 있다. 하지만 그러한 유혹은 거부해야 한다. 자신을 신학자로 여기는 사람들은 책과 강의, 설교를 통해 어떻게 이 진리들을 표현할지를 오랫동안 힘들게 숙고해야 한다. 그렇다. 나는 '설교'라고 했다. 그리스도의 설명할 수 없는 풍성함을 설교하고 싶은 열망 없이 어떻게 기독교 신학을 공부할 수 있단 말인가!

나는 지금까지 패커가 기독교 신학의 전통과 임무와 맺은 풍성한 관계를 겉핥기로 간단하게 다루었다. 신학에 대한 그의 접근 방식을 이처럼 지극히 한정되고 부족하게 다루긴 했지만 당신이 패커에게서, 그리고 패커가 신학적 본보기로 지적한 사람들에게서 배울 것이 많음을 깨닫는 데 도움이 될 수 있기를 바란다. 내가 패커에게 돌릴 수 있는 가장 큰 찬사는 그가 내게 참 많은 영향과 도움을 주었다는 것이다. 많은 사람과 나눈 대화나 오고간 편지들을 통해 내가 아는 바로는 나와 같은 말을 할 사람이 참 많다.

패커 자신의 말로 이번 장을 마치고자 한다. 2016년 5월, 리젠트 대학에서 그는 그해 여름 학기 강의에서 무엇을 성취하길 바라느냐는 질문을 받았다. 그 질문에 그는 이렇게 대답했다.

내가 학생들에게 하려는 말은 사실상 이렇습니다. "자, 이것은 이 세상에 존재한 그 무엇보다 거대합니다! 우리 그리스도인들, 우리 대부분은 이 크기를 인지하지 못했습니다. 우리는 오랫동안 그리스도인이었지만 아직도 온전히 이해하지 못하고 있습니다."[11]

패커에게 신학이란 "이 세상에 존재한 그 무엇보다 거대한 것"을 신실하고 신뢰할 만하게 풀어내 주는 것이다. 이것이 설교, 기도, 선포, 경배의 복음주의적 핵심이다. 또한 그것은 기쁨 가운데 기도하는 지성의 제자도 중심에 있는 것으로, 우리는 그것을 '신학함'(theologizing)이라고 부른다.

Mere Discipleship

3부

소망으로 여행하다_ 설교들

10장 진리, 신비와 어둠
_인간 이해의 한계에 관하여*

이번 설교의 주제는 '진리'다. 1697년 1월, 유명한 영국의 철학자 존 로크는 가까운 친구에게 보내는 편지에 진리를 찾으며 자신이 경험한 즐거움을 이렇게 썼다. "나는 거짓의 반대편에 진리가 있다는 걸 안다네. 그 진리는 사람들이 원한다면 찾을 수 있고, 찾을 가치가 있는 것이지. 그것은 단순히 가장 가치 있을 뿐만 아니라 세상에서 가장 즐거운 일일세." 이 말은 내게 영감과 도전을 던져 주었다. 이것은 자연 과학과 철학, 기독교 신학의 지적 열망을 가진 사람들이 좌우명으로 삼기에 알맞은 말이다.

하지만 로크는 자신이 살고 있는 어둡고 이상한 세상을 뚫고 들어가 이해하기에는 이성의 역량이 제한되어 있다는 것을 예리하게 파악하고 있었다. 이 세상의 이치를 깨달으려 할 때 직면하는 중

---

* 이 장은 2016년 11월 6일, 옥스퍼드에 있는 동정녀 성 마리아 대학 교회에서 옥스퍼드 대학생들에게 전한 대학 설교에 기초한 것이다.

요한 문제들을 살펴본 뒤, 로크는 「인간 이해에 관한 에세이」(*Essay concerning Human Understanding*)에서 이렇게 기록했다. "우리가 속한 어둠이 무엇인지, 존재란 얼마나 작은 것인지를 쉽게 인지하는 것을 깨닫고 나면, 우리가 알 수 있는 능력은 얼마나 보잘것없는 것인지!" 인간 이성의 범위가 제한되어 있다는 것에 관한 로크의 염려는 당대 많은 사람이 공유한 것이다. 예를 들면 더 큰 우주적 질서 안에서 인간의 삶과 사고를 다루는 알렉산더 포프(Alexander Pope)의 「인간에 관한 에세이」(Essay on Man, 1732-1734)를 생각해 보라. 그럼에도 우리는 늘 투명하지도, 안정되지도 않은 희미한 세상, 우리의 합리성으로는 이해하기가 쉽지 않은 세상에 살고 있다.

포프에 따르면 우리는 "죽기 위해 태어나고 실수하기 위해 추론한다." 우리는 회의와 확실 사이의 불확정적인 영역 어딘가에 방치되어 있는 것 같다. 인류는 하나님이 아닌 자신에 대해 공부해야 한다는 포프의 선언은 종교에 대한 적대감에서 비롯된 것이거나 학문으로서의 종교에 대한 회의를 반영하는 것으로 이해되기도 한다. 그런 이해는 사실 현재의 관심을 과거로 떠넘기는 것일 뿐이다. 포프의 요점은 전혀 달랐다. 그는 (하나님의 신비처럼 아주 복잡하고 난해한 것은 고사하고) 무언가를 이해하려는 인간의 역량은 한계가 있기 때문에 결국 우리 자신에 대한 공부에 초점을 맞출 수밖에 없다는 것을 우리가 이해하길 바랐다.

그렇다면 하나님을 정밀하게 알려고 추론하지 말고, 오히려 자신을 알라.

인류에게 적합한 공부는 바로 인간이다.

포프의 「인간에 관한 에세이」는 우주를 깨달아 알려고 할 때 인간의 이성적 역량이 지닌 한계 때문에 직면하는 어려움들을 인정하여 인간 됨의 염원과 한계를 신중하게 숙고할 수 있기를 권한다. 포프는 이 우주가 일관되지 않고 애매해 보인다는 데 동의한다. 하지만 그러한 판단에 이르기에는 인간의 도덕적, 지적 역량이 매우 빈약하고 오류를 범하기 쉽다는 것을 인정해야 한다고 주장한다. 우주가 실제로 불완전하고 일관되지 않아 보일 수도 있다. 그러나 어쩌면 그것은 우주 자체의 문제가 아니라 인간의 지각이 지닌 한계를 반영하는 것인지도 모른다. 시인 존 키츠(John Keats, 1795-1821)는 나중에 (불확실을 수용하고 신비와 함께 살며 불가피한 애매성을 받아들이려고 애쓰는 의지로서) "소극적 수용 능력"(negative capability)이라는 개념을 발전시키면서 포프의 접근을 재작업했다.

인생은 우리에게 아무런 목적도 없이 혼동 가운데 있는 것처럼 보인다. 이는 우리가 사물의 흐름 속에 잠겨 있어서 그 흐름에서 벗어나 실재를 온전하게 이해할 수 없기 때문이다. 미국의 신학자 존 알렉산더 맥케이가 발전시킨 유명한 이미지를 사용하자면, 우리는 인생의 길이 내려다보이는 발코니에 서 있기를 원한다. 이 발코니는 일관된 우주에서 발견한 모든 것이 내려다보이는 의미 있는 장소로 여겨질지 모른다. 그러나 우리가 있는 곳은 발코니가 아니라 길이다. 우리가 세상을 관찰할 수 있는 더 나은 지점은 없다. 우리는 인생과 역사의 흐름 위에 서 있을 수 없다. 다만 그 안에서 의미를 만들어 가야 한다.

「바다」(*The Sea*)라는 소설로 2005년에 부커(Booker) 상을 수상한 아일랜드의 작가 존 밴빌(John Banville)의 이야기는 이 점과 관련하여 더할 나위 없이 가치가 있다. 그의 초기 작품들은 근대 초기에 얼마나 많은 사람이 자연 과학에서 의미와 진리의 확실성을 찾으려 했는지를 설명했다. 사람들은 자신이 속한 세계를 알 수 있는 가장 신뢰할 만한 근거를 자연 과학이 제공한다고 여겼다. 밴빌은 코페르니쿠스, 케플러, 뉴턴과 같은 과학자들이 어떻게 감추어진 우주의 질서를 찾고 그것에 맞추어 살려고 했는지를 지적했다.

이제는 적어도 그들이 성취하고자 한 것의 일부를 이해할 수 있다고 나는 생각한다. 철학자 루트비히 비트겐슈타인은 우리가 우리보다 심오하고 위대한 어떤 것에 부합하여 생각하고 살고 있다고 믿을 때 의미와 행복을 발견한다고 말했다. 우리는 우주의 '큰 그림'을 이해하고 그 안에서 우리의 위치를 찾아야 한다. 과학적 선구자들은 바로 이 일을 하려고 한 것이다.

그러나 밴빌은 확실성을 추구하는 그들의 노력은 달성하기 어렵다는 것이 증명되었다고 했다. "나는 세상에서 길을 찾으려는 강박적인 탐색과, 진짜인 것으로 보이는 무언가를 향한 실존적 탐구에서 일종의 애처로운 아름다움을 보았다."[1] 진짜를 향한 이러한 탐구는 참되고 심지어 열정적이기도 하다. 그러나 다루기 힘든 우주는 이러한 비전을 지닌 사람들의 염원이 좌절될 뿐임을 증명했다.

이 비전의 힘은 더는 단순화할 수 없는 인간 지식의 허무함과 잠정성을 다룰 수밖에 없게 되면서 점차 사라져갔다. 밴빌은 의미를 분별하기 위한 도구로 자연 과학을 바라본 서구 문화의 투자는 잘못된 것임이 증명되었다고 지적한다. 그 실패가 점점 널리 인정되면서 서구 문화는 데카르트 철학(Cartesian)의 확실성에서 비트겐슈타인의 절망으로 불안정하게 전환되는 것을 경험했다. 계몽주의의 성배(Holy Grail)를 발견하려는 희망, 즉 이성주의자의 확실성이 지닌 수정같이 맑은 명료함은 (내키지는 않지만) 서서히 단순화할 수 없는 세상의 복잡함에 길을 내주어야 했다. 이 세상의 복잡함은 계몽주의가 기대하고 요구하던, 분명하고 필연적인 사상의 용어로는 표현될 수 없었다.

밴빌은 독자들이 위기에 처한 지적 중요성을 쉽게 이해할 수 있도록 자신의 단어들로 전달하고자 했다. 그는 이성적 확실성에서 실존적 절망으로 서서히, 그리고 돌이킬 수 없게 전환되는 과정을 우아한 산문 형태로 연대순에 따라 기록했다. 밴빌이 볼 때는 한 세대가 이성적 확실성으로 여긴 것이 그 다음 세대에서는 그저 문화적 해석으로 보였다. 문제는 이미 지나가 버린 계몽주의의 확실성을 여전히 갈망하는 일부 사람들이 계속 그것을 억제하고 있다는 것이다. 그들은 C. S. 루이스가 수사학적으로 "입심 좋고 가벼운 이성주의"라고 부른 것이 사람들로 하여금 실재에 대한 결정적 견인력이 부족하다는 것을 알아차리지 못하게 하기를 희망한다.

오늘날 이성적 확실성이 '신무신론'의 문화적 후미에만 서식하는 동안, 다른 사람들은 모두 우리 자신이 처한 이 곤경에 대처하는 방법을 찾고 있다. 자연 과학도 우리의 의미와 가치, 목적에 관하여 우리 자신에게 묻는 진지한 질문들에 확실한 답을 제시할 수 없어 보인다. 그러나 그것이 우리를 절망하게 만들지는 않는다. 다만 진실이라고 증명될 수는 없지만 우리의 지적 충성이 틀리지 않았음을 판단하는 데 믿음의 중요성을 더욱 부각시킬 뿐이다.

도로시 세이어즈나 C. S. 루이스와 같은 작가들에게 기독교는 우리 자신을 직시하게 해주며, 우리가 만들어 낸 개념이 아닌 사실 그대로 이 이상한 세상을 보도록 초청하여 실재에 대한 또 다른 합리적 관점을 제공한다. 세이어즈에게 기독교는 '큰 그림'(우리의 창조적 상상으로 가공하여 날조된 것이 아닌 있는 그대로의 모습)의 발견이었다. 하지만 정말로 '큰 그림'이 있다면, 우리 스스로 그것을 온전히 이해할 수는 없어 보인다. 사물을 바르게 보려면 도움이 필요하다.

이는 물론 기독교 신학의 고전적인 주제다. 즉 신적 계시라는 개념은 우리가 만들어 낸 것이 아닌, 인간 이성의 역량 너머에 잡힐 듯 잡히지 않는 실재에 대한 관점을 드러내는 것이다. 계시는 인간의 이성에 대한 침해나 월권이 아니라 오히려 그 이성의 한계를 보여 주며, 그 한계 너머에 있다고 믿는 것과의 친밀감을 보여 준다. 계시는 우리 세상의 전경을 조명하며, 그렇게 해서 우리가 사물을 좀 더 분명하게 보고, 우리 비전의 범위 너머에 있는 것을 이해할 수 있게 해준다. 사도 바울이 말한 대로 우리는 "거울로 보는 것같이 희미하게"(고전 13:12) 보면서, 훨씬 웅장한 전경으로 알고 있는 그 무언가의 일부를 지금은 그저 잠깐 보는 것으로 안심한다.

그리스도인들에게 (세상의 겉만 슬쩍 보는 것이 아니라) 사물을 있는 그대로 보는 이 능력은 하나님이 주신 은혜로운 선물이다. 우리의 눈은 열려야 한다. 그렇게 해서 우리가 세상에서 일관되지 않은 것들을 지각하는 것은 온전하고 적절하게 보지 못하는 우리의 무능함에서 비롯된 것임을 알아야 한다. 진리는 단순히 논리적 삼단논법이 아니다. 그것은 우리의 세상에 의미 있게 거하는 것이다. 따라서 종교적 신앙은 이성에 저항하는 것이 아니다. 이성주의 신념이라는 차갑고 한정된 벽에 인류를 가둔 것에 대해 원칙에 근거한 혁명을 일으키는 것이다. 인간의 논리는 이성적으로 적합할지 모르나 실존적으로는 결함이 있다.

안타깝게도 자신을 '자유사상가'라고 자랑하는 사람들은 더는 존재하지 않는 18세기 이성주의에 갇혀 있다. 아마도 그들은 지난 세대 동안 강요된 인간 이성에 대한 이해가 급진적으로 변화되었다는 것을 의식하지 못하는 듯하다. 계몽주의가 실재에 대한 궁극적 결정권자로서 이성이 지닌 권위에 호소하는 것은 순환 논리의 모순에 빠져 버리고 만다. 어떤 사람은 이성 그 자체가 자신의 권위를 보여 줄 수 있다고 주장한다. 하지만 이를 비판하는 사람들이 볼 때 그 주장은 단순히 자신이 내린 결론을 전제하고 의존하는 순환 논리 또는 기생 논리(parasitical)일 뿐이다. 이성이 이성을 판단한다면, 이성적 과정에서 오류가 발생할 때 이성 스스로는 그 오류를 볼 수 없다. 우리는 어떤 탈출 수단도 없이 전혀 신뢰할 수 없는 사고 유형에 갇혀 버리는 것이다.

최근 탈근대주의가 부상한 것은 크리스토퍼 히친스나 리처드 도킨스와 같은 비평가들이 제안하는 것처럼 단지 문화적 비이성주의 현상이 아니다. 오히려 이성주의의 지적 권위주의와, 그것의 적절하지 못한 기반에 대해 원칙에 근거하여 저항하는 것이다. 아마도 최근에 와서야 우리는 (단지 이성에 의해 알게 된 것이 아니라) 이성에 의해 결정된 인생에 접근하는 방식에 문제가 있다는 것을 깨달은 것 같다. 이성은 아주 탁월한 비판 도구이지만 진리를 위한 믿을 만한 근거는 되지 못한다. 한편으로 우리의 실존적 필요를 채우기에도, 다른 한편으로 우주의 복잡함을 다루기에도 이성은 매우 얕다.

과학적으로나 신학적으로나 '신비'에 대한 개념이 중요한 이유가 여기에 있다. 위대한 물리학자인 베르너 하이젠베르크(Werner Heisenberg)는 과학적 사고가 "늘 바닥이 없는 심연을 맴돈다"고 말했다. 우리는 우주의 '불가해한 어둠'을 직면한다. 그리고 이해하기 힘든 이 세상과 관계를 맺고 그 세상을 대변할 적절한 언어를 찾으려고 애쓰면서 우리 자신의 극심한 어려움들을 마주하게 된다. 양자 이론을 공부해 본 사람들은 불가해한 세계를 다루기 위해 나름의 특유한 합리성을 만들어 내도록 얼마나 강요당하는지 알고 있다. 이는 실재에 대한 제한된 경험으로 형성된 '합리성'이라는 적절치 못한 상식적 개념에 의문을 불러일으킨다. 인간의 합리성은 합리적이라고 불리는, 이미 결정된 단순한 개념에 근거해서 우주의 구조가 어떻게 보여야 하는지를 미리 판단하는 것이 아니라 보이는 대로의 우주 구조를 받아들여야 한다.

마찬가지로 기독교 신학은 인간의 언어를 적절히 사용해서 하나님을 묘사하거나 대변하는 것이 전혀 가능하지 않다는 것을 깨닫는다. 기독교 신학은 하나님을 온전하고 신실하게 묘사하고자 할 때 인간의 이미지와 언어가 (만일 완전히 무너지지 않는다면) 흔들린다는 점에서 하나님의 광대하심을 '신비'라는 용어로 표현한다. 신비는 이성과 대치되는 것이 아니라 식별하고 묘사하는 이성의 역량을 뛰어넘는 것이다. 자연 세계와 하나님의 어떤 면을 '신비'라고 말하는 것은 인간의 사고 과정을 포기하거나 움츠러들게 하는 것이 아니라 오히려 자극한다. 인간의 제한된 역량으로 온전히 이해하기에는 매우 깊고 넓은 지적 비전에 대해 마음을 열고, 주어진 한계 안에서 우리로 최선을 다해 그것을 대변하도록 도전하는 것이다.

우리의 우주는 신비다. 우리 마음이 수용하기에는 앞이 보이지 않고 이해할 수 없는 영역이 매우 많다. 우리는 우리가 이해할 수 있는 사소한 것을 걸러내고, 그 나머지는 중요하지 않기를 바라거나 우리의 제한된 마음이 수용할 수 있을 만큼 축소시켜서 우리의 이성으로 감당하도록 신비를 줄일 수도 있다. 이 두 전략은 잘 계획된 것이긴 하지만 결국 우리가 관계하려 하는 더 큰 실재를 왜곡시키거나 흉하게 망가뜨리고 만다.

많은 사람에게 삼위일체라는 기독교 교리는 신앙의 비합리성을 대표할 것이다. 히포의 아우구스티누스는 번지르르하지만 단순한 구호로 하나님을 이해했다고 말하는 인간 존재로서 우리가 지닌 능력의 한계를 아주 적절하게 표현했다. "하나님을 이해했다고 생각한다면, 당신이 이해하고 있는 것은 하나님이 아니다"(*Si comprehendis non est Deus*). 당신이 머릿속에 정리할 수 있다고 생각한다면 그것은 하나님이 아니다. 하나님이라고 잘못 생각한 다른 것이거나, 사실은 당신이 창조하고 만들어 낸 것을 하나님이라고 부르는 것일 뿐이다.

우리가 온전히 그리고 완전히 이해할 수 있는 것은 하나님일 수 없다. 그것은 매우 제한되고 빈약할 것이기 때문이다. 우리의 형상대로 하나님을 만들기란 쉽다. 그것은 인간이 자신의 유익을 위해 만들어 낸 발명품으로, 하나님과 유사하지만 실제로 기독교 계시의 중심에 있는 하나님의 영광과 장엄함에는 결코 이르지 못한다. 결국 '영광'이라는 신학 개념에 매우 탁월하게 표현된 하나님의 개념적 장엄함을 말하기에는 우리의 단어가 충분하지 않다. 하나님은 우리의 정신적 역량을 초월하신다. 우리가 거하는 실재의 광대함 역시 인간의 지성으로는 제한되고 부분적으로만 이해할 수 있을 뿐이다.

나는 대학 교회에서 예배를 드리며 이 설교를 전했다. 내가 이 설교에서 소개한 틀이 그리스도인의 삶 한편에 있는 신학과 다른 한편에 있는 예배 사이에 존재하는 창조적 긴장을 이해하는 데 도움이 되었기를 바란다. 이 긴장은 하나님의 어떤 것은 충분하게는 아니지만 인간의 마음으로 이해될 수 있으며, 따라서 신학이 가능하다는 사실을 반영하고 역설적으로 이를 즐거워한다. 동시에 이 긴장은 여전히 하나님의 많은 부분이 인간이 이해할 수 있는 역량 너머에 있기 때문에 하나님의 위대하심과 장엄하심은 궁극적으로 언어로 분석할 수 없으며, 따라서 찬양과 경배의 언어와 행동으로 가장 잘 표현된다는 사실을 인정한다는 의미에서 예배를 가능하게 한다.

이 설교 주변에는 어둠이라는 주제가 맴돌았다. 이는 내가 그늘진 곳을 즐기는 야행성 피조물이라서가 아니라 우리가 일부만 볼 수 있는 세상에 살고 있기 때문이다. 로크나 하이젠베르크는 각자 그들 방식대로 우리 상황의 한계를 인식하라고 청한다. 그러나 희망이 있다. 빛이 어둠을 비추면, 그 무엇도 막을 수 없다. 기독교 신앙의 중심에 자리 잡고 있는 실재에 대한 풍성한 비전은 우리의 상상을 사로잡고 우리의 지성을 자라게 한다. 기독교 복음은 이 세상을 이해하고 의미 있게 살도록 인도하며, 그러면서 동시에 새 예루살렘에서 우리를 기다리고 있다고 믿는 더 큰 실재에 대한 소망의 비전을 제공한다. 나는 이것이 우리가 대강절을 시작하면서 기독교 소망에 집중하게 하기에 적절한 생각이라고 믿는다.

11장 명료성과 일관성
_실재를 바라보는 기독교적 관점*

나는 과학의 공공 참여를 옹호하던 생물학자 피터 메더워 경(Sir Peter Medawar)의 글에 나온 한 구절에 충격을 받았다. "오직 인간만이 자신이 서 있는 땅 조각 이상을 조명하는 빛에 힘입어 길을 찾아 간다."[1] 인간은 더 심오한 중요성과 의미의 유형을 찾으면서 세상과 기계적으로 맺은 관계를 넘어 도달하게 되는 일종의 갈망을 소유한 것처럼 보인다. 물론 이는 그러한 유형이 이성에 존재한다는 뜻은 아니다! 그러나 더 깊은 것을 탐구하는 인간의 정체성에 관한 무언가가 있는 것처럼 보인다. 나는 이 주제에 관한 많은 연구 논문들을 분류해 내려는 시도가 망설여진다. 그러나 우리 삶과 주변을 둘러싼 더 큰 질서 안에서 의미와 가치를 구별할 수 있다고 느낀다면 우리는 복잡하

---

* 이 장은 2015년 3월 1일, 케임브리지에 있는 대성모 교회에서 케임브리지 대학생들에게 전한 훌시안 설교(The Hulsean Sermon, 존 훌스[John Hulse]의 기부금으로 만들어진 강연과 설교_ 옮긴이)에 기초한 것이다.

고 어수선한 세상을 잘 다루고 있다고 볼 수도 있다.

인류에게 과학은 가장 중요하고도 깊이 만족할 만한 성과 중 하나다. 6학년 때(영국에서는 대학 진학을 준비하는 16-18세 학생들이 6학년에 해당한다_ 옮긴이) 나는 물리학과 화학, 수학에 집중했다. 옥스퍼드 대학에서 장학금을 받아 화학을 공부했고, 이어서 복잡한 생물 체계를 조사하기 위해 물리적 수단을 개발하고 있던 옥스퍼드의 조지 라다(Sir George Radda) 교수의 연구실에서 박사 과정을 시작했다. 나는 과학을 사랑하는 젊은 학생이었지만, 과학이 완벽한 것은 아니라고 생각했다. 과학은 사물이 어떻게 작동하는지 이해하는 데 도움을 주지만 과연 그것이 무슨 의미가 있을까? 과학은 내가 어떻게 이 세상에 존재하게 되었는지를 묻는 질문에 분명한 답을 줄 수 있지만, "내가 왜 이곳에 있는가?", "인생의 의미는 무엇인가?"라는 더 깊은 질문에는 대답할 수 없어 보였다.

이 질문은 철학자 칼 포퍼(Karl Popper)가 "궁극적 질문"(ultimate questions)이라고 부른 것들로, 자연 과학이 과연 더 깊은 문제들을 다루는 데 도움을 줄 수 있는지에 관한 것이다. 포퍼에게 이 질문들은 우리의 존재 깊은 곳에 뿌리를 두고 있으며 실존적으로도 중요한 것이지만, 자연 과학이 답할 수 있는 능력을 넘어선 것이었다. 이 말은 사실 포퍼가 처음 한 것은 아니다. 스페인의 위대한 철학자 호세 오르테가(José Ortega, 1883-1955)는 우리에게는 과학이 실재에 대해 제공하는 부분적인 이야기 이상이 필요하다고 주장했다. 우리는 단순히 인지적 기능이 아닌 실존적 깊이를 소유한 '우주에 대한 필수 개념', 즉 '큰 그림'이 필요하다.[2] 과학은 인류의 질문들과 깊은 열망을 만족시킬 수는 없지만, 그것을 설명할 수 있는 놀라운 역량을 소유하고 있다.

오르테가가 보기에 과학이 지닌 위대한 지적 덕목은 방법에 의해 결정된 자신의 한계를 안다는 것이다. 과학은 증거에 근거해서 답할 수 있는 질문에만 대답하는데, 인간의 호기심은 그보다 더 나아간다. 우리는 묻지 않을 수 없는 더 깊은 질문들에 대한 답이 필요하다는 것을 알고 있다. 인간은 과학이 멈추어야 한다고 말하는 지점을 넘어서고 싶어 한다. 오르테가가 바르게 관찰한 대로 과학자든 아니든 인간은 잠정적으로라도 그 질문들에 답하지 않고는 살 수 없다. "우리는 궁극적 질문들을 피할 길이 없다. 우리가 좋아하든 아니든, 이쪽으로든 저쪽으로든 그 질문들은 우리 안에 있다. 과학적 진리는 정확하지만 완전하지는 않다."

여기서 아주 중요하게 드러나는 두 가지 주제가 있다. 바로 명료성과 일관성이다. 명료성은 쉽게 이해할 수 있다. 우리는 주변에서 관찰하고 우리 안에서 경험하는 것들을 이해할 수 있는 틀을 갈망한다. 나는 부분적으로 기독교가 세상을 명료하게 이해하도록 해준다는 사실에 매력을 느꼈다. 이것은 "나는 태양이 떠오른 것을 믿는 것처럼 기독교를 믿는다. 단순히 내가 그것을 보기 때문이 아니라 태양에 의해 다른 모든 것을 보기 때문이다"[3]라는 루이스의 대표적 고백으로 표현된 통찰이다. 또 다른 주제는 일관성에 대한 탐구로, 골로새서에 매우 강력하게 암시되어 있다(골 1:17).

기독교는 의미망(a web of meaning), 즉 사물들이 근본적으로 상호 연결되어 있다는 깊은 신념을 제공한다. 이는 마치 산꼭대기에 서서 마을, 평지, 시냇물, 숲을 내려다보는 것과 같다. 우리는 우리가 보는 모든 것을 각각 스냅 사진으로 찍을 수 있다. 그러나 우리에게 실제로 필요한 것은 그 스냅 사진들을 모아 놓은 파노라마다. 이는 '큰 그림'이 있고, 작은 사진들은 저마다 더 큰 전체의 한 부분을 차지한다는 것을 보여 준다. 사람들은 실재가 단지 개별적이고 연결되지 않은 이야기와 사건, 관찰로 되어 있다는 것을 두려워한다. 하지만 기독교는 우리의 세상을 조명하고 전체를 보게 하는 비전의 틀을 제공하며 안심하라고 속삭인다.

근대에는 실재의 일관성에 의심을 보였는데, 그중 많은 것이 과학 혁명(Scientific Revolution)의 '새로운 철학'에서 비롯되었다. 새로운 과학 개념들이 과연 의미 있는 실재에 대한 개념을 파괴하는가? 영국의 시인 존 던(John Donne, 1572-1631)은 어떤 사람들에게 과학적인 발견이 세상 안에서의 연결됨과 지속성을 침식시키는 것처럼 보이던 17세기 초반에 다음과 같은 감동적인 말을 했다. 정착되지 않은 새로운 세계에 관해 "모두 조각으로 나뉘었고, 일관성은 사라졌다"('Tis all in pieces, all cohaerence gone)[4]고 말한 것이다. 이제 그 조각들을 어떻게 다시 모을 수 있을까?

그리스도인들은 만물이 그리스도 안에 "함께 섰다"거나 "함께 엮여 있다"고 말하는 골로새서 1장 17절처럼 이 주제가 신약 성경에서 탁월하게 웅변되고 있다는 것을 알고 있다. 우리가 경험하는 이 세상, 즉 덧없고 일관성 없는 이 세상 너머에는 의미망과 연결망이 숨겨져 있다. 이것이 소설가 버지니아 울프(1882-1941)를 끊임없이 피해 간 통찰이었다. 울프는 "외형적인 모습 너머에 있는 실제의 무언가"가 드러날 것만 같은, 찌르는 듯한 통찰의 순간을 종종 경험한다고 했다.[5] 이러한 순간적이고 극히 드문 (울프가 부르는 바에 따르면) "존재적 순간들"은 울프가 알고 있는 세상 뒤에 의미망과 연결망이 감추어져 있다고 확신하게 만들었다. 그러나 울프는 이 감추어진 세계로 한 번도 들어갈 수 없었다. 그 세계는 마치 연기를 잡을 때처럼 다가가려 하면 멀어져 갔다.

우리의 경험 세계가 아무리 나뉘어져 있는 것처럼 보여도 기독교는 사물을 연결하는 '큰 그림', 즉 일관성도, 방향도 없어 보이는 의미망을 연결하는 실이 있다는 것을 보여 주어 실재의 일관성을 다시 확신시킨다. 이 주제는 중세 시대의 시적, 종교적 글들에서 계속 공명된다. 예상할 수 있듯이 이것은 중세 시대 최고의 문학 고전이라 할 수 있는 단테의 「신곡」에서도 중요한 주제였다. 「신곡」 끝으로 가면서 단테는 각 양상과 단계가 하나의 전체로 모이는 우주의 연합을 얼핏 보여 준다.[6]

그렇다면 우리는 실재의 연합이라는 개념을 놓친 것인가? 한때 실재에 대한 지적, 도덕적 일관성이 존재했다면, 이제는 독일의 시인이자 소설가인 헤르만 헤세(1877-1962)가 "지적 유행"(intellectual fashions)의 단순한 집적(集積)과 "그 시대의 일시적 가치"(transitory values of the day)라고 묘사한 것만 남아 있는 것처럼 보인다.[7] 낸시 카트라이트(Nancy Cartwright)가 말한 "얼룩덜룩한 세상"(dappled world)[8]과 같은 개념을 포함한 또 다른 지적 움직임도 실재의 일관성에 도전장을 던졌다. C. S. 루이스는 "우리는 비합리적인 우주 안에서 합리성을 해석하는 것이 아니라, 우주에 가득한 합리성에 반응하는 것이다"[9]라고 말한 반면, 카트라이트는 질서나 합리성이 전혀 없을 때 또는 다양한 질서가 있을 때, 실제로 자연 세계와 그 구조의 다양한 이야기들을 요구하면서 질서나 합리성을 부과한다고 주장했다. 루이스는 우리가 실제로 존재하는 우주에 반응한다고 말한 반면, 카트라이트는 우리가 곁에 있는 우주를 무시한 채 우리 나름대로 우주를 만드는 위험한 일을 하고 있다고 말한 셈이다.

존 키츠가 "일상적인 것의 따분한 목록"이라고 묘사한 것처럼 기독교 신앙은 과학이 붕괴되는 것을 막아서 과학적 이야기를 더욱 풍요롭게 만들 수 있다. 사회학자 막스 베버는 자연을 측량되고 가늠할 수 있는 것으로 제한하여 이해하는, 지나치게 지적이고 이성적인 방법을 가리켜 "탈주술화"(disenchantment)라고 불렀다. 이곳에 모인 사람들 가운데에도 과학자가 있을 것이고, 그러한 과정이 과학적 방법에 필수라는 것을 합리적으로 지적할 것이다. 나도 동의한다. 다만 덧붙일 말이 있다. 과학은 사물을 분리하여 그것들이 어떻게 작용하는지 보는 데 탁월하다. 반면 믿음은 그것들을 다시 모아서 무엇을 의미하는지 보게 한다.

종교적 관점은 어떤 경우에도 이처럼 합리적으로 접근하는 과학적 실용성을 부인하지 않는다. 다만 실재에 대한 이야기가 온전하고 만족스럽게 전해지려면 해야 할 말이 더 있다는 것과, 삶의 이야기가 좀 더 풍성하고 만족스럽게 성취되려면 과학을 보충해야 한다는 것을 주장할 뿐이다.

철학자 메리 미즐리(Mary Midgley)는 실재의 깊이와 세부 사항을 이해하기 위해 자신이 직접 "다중 지도"(multiple maps)라고 이름 붙인 접근 방식을 옹호한 대표 인물이다. "지식은 다양한 독립적 형태와

원천을 가진다"는 사실을 반영하면서 미즐리는 실재의 복잡성을 대변하려면 "많은 지도, 많은 창문"이 필요하다고 주장한다. 그는 세상을 거대한 수족관으로 생각해 보면 도움이 될 것이라고 말한다.

> 우리는 위에서 전체를 내려다보지 못하고, 다만 많은 작은 창문을 통해 들여다본다. …… 다른 각도에서 본 자료들을 끈기 있게 모은다면 우리는 마침내 이 거주지를 많이 이해할 수 있을 것이다. 하지만 우리의 창문만이 그 안을 들여다보기에 가치 있는 유일한 창문이라고 고집한다면, 우리는 결코 멀리 보지 못할 것이다.[10]

미즐리가 볼 때는 어느 사상도 그것만으로 우주의 의미를 적절하게 설명하지 못한다. "인간의 삶에서 가장 중요한 질문에 답하려면 여러 가지 다른 개념적 연장통들을 함께 사용해야 한다."[11] 과학 전반의 방법들로 제한하거나 특별히 (물리학과 같은) 한 분야의 과학으로 제한한다면, 우리는 스스로를 "괴이하게 통제된 의미의 관점"[12] 안에 불필요하게 가두게 될 것이다. 복잡한 실재를 소개하기 위해 다중 지도 이미지를 사용하는 미즐리의 기본 원칙은 "과연 그 경계선의 논란을 잠재워 줄 적절한 해석 틀을 만들 수 있는가"라든지, "해석 틀을 어떻게 배치할 것인가"와 같은 중요한 질문과 도전을 가능하게 만든다. 하지만 동시에 그 원칙은 우리의 비전을 통합하고 풍성하게 해줄 수 있는 중요한 가능성들을 열어 놓기도 한다. 주변 세상을 관찰한 것들과 그 안에서 우리가 경험하는 것들이 얼마나 복잡한지 보여 주려면 다양한 색깔의 물감이 담긴 팔레트의 이미지가 필요하다.

이 설교에서 내 접근 방식을 가장 잘 표현하는 말은 바로 '이야기 엮기'일 것이다. 인간은 다양한 이야기를 사용하여 자신의 정체성을 구축한다. 그것이 우리가 사회적 동물로 기능하는 방법이다. 세상을 이해하려고 애쓰면서 우리는 종교적, 사회적, 문화적 이야기들을 함께 엮는다. 이 실들을 함께 엮는 것은 그 실들이 서로 어떻게 연관되어 있는지(어느 것이 우선하는지), 그리고 서로 긴장 관계나 상충 관계로 보이는 것을 어떻게 해결하는지를 찾아내려는 것만큼이나 자연스러운 것이다. 어떤 이야기도, 어떤 각도에서의 관찰이나 탐색의 전통도, 그것 하나만으로는 인간 실존을 풍성하고 철저하게 다루지 못한다.

이러한 '이야기 엮기'는 늘 우리 주변을 맴도는 '궁극적 질문'을 다루는 데 반드시 필요하다. 이 질문들에 합당하게 답하려면, 다양한 접근법을 함께 모으고 삶의 목적과 가치, 개인적 효율성, 자존감 등과 같은 다양한 단계의 의미가 존재한다는 것을 인식해야 한다.[13] 내가 여기서 제안하는 것은 이러한 이야기들을 대충 섞어서 균질화하자는 것이 아니다. 그것들은 마치 화가의 팔레트에 있는 물감들 같아서 각 색깔은 저마다 그 자체로 존중되어야 한다. 그러나 우리 세계의 풍성한 질감과 활력을 위해서는 적당히 섞어 사용되기도 해야 한다.

내가 염두에 둔 것을 좀 더 분명히 보여 주기 위해 한 예를 드는 것이 좋겠다. 1960년대 말 겨울에 밤하늘을 바라보며 오리온 별자리(오리온 별자리에 있는 세 개의 밝은 별)를 본 기억이 있다. 그 당시 나는 신에 대해 전혀 관심이 없었지만 자연의 경이로움에는 깊이 감탄하는 무신론자였다. 또한 한 별에서 나온 빛이 지구까지 오는 데 수백 년이 걸린다는 사실을 알 정도의 천문학 지식은 가지고 있었다. 사실상 별들을 보는 것은 시간 여행을 하는 것과 같았다. 나는 그 별들의 지금 모습이 아닌 과거의 모습을 보는 것이기 때문이다. 이 생각은 나를 매우 혼란스럽게 만들었다. 지금 빛이 한 별을 떠나 지구에 도착할 즈음이면, 나는 이미 죽었을 것이라는 생각이 들었기 때문이다. 그 별들은 인간 생명의 짧음을 음침하고 조용하게 상기시키는, 피할 수 없는 죽음의 상징이었다. 이쯤 되자 우주가 대단히 아름답다는 사실도 큰 의미가 없어 보였다.

많은 과학자가 이런 우울한 생각을 잘 알고 있다. 그들은 자신이 공부하고 있는 세계의 허무함과 무의미함을 대하면서 느낀 좌절을 기록했다. 여기 좋은 예가 있다. 워싱턴 대학의 생물학자인 우르술라 굿이너프(Ursula Goodenough)는 우주의 방대함과, 그것이 언젠가는 종말에 이르리라는 생각으로 '공포에 휩싸인' 경험을 회상했다. 그때부터 굿이너프는 별의 아름다움을 인식할 수 없었다. 별은 그가 감당하기 어려운 불안정한 진리를 상징하고 대변하는 것으로 다가왔다. 굿이너프는 이렇게 기록했다.

> 밤하늘이 망가졌다. 이제 다시는 밤하늘을 볼 수 없을 것이다. 나는 베개가 젖을 때까지 울었다. 사춘기적 좌절의 눈물이 천천히 오래 흘러내렸다. …… 우주에서, 그리고 원자 안에서 지금 무슨 일이 일어나고 있는지 생각할 때마다 암울한 공허함이 나를 짓눌렀다.[14]

그러나 다른 이론적 안경을 쓴다면 어떤 일이 일어날까? 하나님 렌즈를 통해 세상을 본다면 어떨까? 기독교의 의미 지도를 통해서 본다면? 나는 신앙의 관점에서 보면 밤하늘이 다르게 보인다는 것을 발견했다. 그렇다. 여전히 밤하늘은 내가 아주 하찮게 보이는 것과 대조되는 광대함을 상징한다. 그리고 나는 내가 중요하다는 사실을 깨달았다.

세상에서 가장 유명한 사진으로 1990년에 보이저(Voyager) 탐사 우주선이 태양계 외부를 연구하는 임무를 수행하면서 찍은 사진이 있다. 발사된 지 12년 만에 우주선은 토성에 도착하여 이 위대한 행성의 이미지를 찍어 사진으로 보냈다. 천문학자 칼 세이건(Carl Sagan)은 탐사선 카메라를 조절하여 마치 60억 킬로미터 떨어진 곳에서 보는 것처럼 지구를 다시 찍어 보자고 제안했다. 많은 논의 끝에 나사(NASA)도 그 제안에 동의했다. 그렇게 해서 장엄한 어둠에 둘러싸인 외로운 얼룩, 우주의 어둠 속에 놓인 "창백한 푸른 점"이라는 유명한 이미지가 탄생했다.[15] 세이건이 지적한 대로 멀리서 아주 작은 우리 세계를 바라본 이미지는 모든 것을 제대로 된 관점에서 보게 한다. 우주의 광대함에 비해 우리는 얼마나 작고 하찮은가!

지금도 나는 보이저 호에서 보낸 이미지를 본다. 우리가 사는 집인 아주 작은 "창백한 푸른 점!" 장엄한 어둠에 둘러싸인 외로운 점을 볼 때면, 내가 경험하는 생각과 감정을 예고하는 듯한 한 시편으로 내 생각이 빨려 들어가는 것을 느낀다.

주의 손가락으로 만드신 주의 하늘과 주께서 베풀어 두신 달과 별들을 내가 보오니 사람이 무엇이기에 주께서 그를 생각하시며 인자가 무엇이기에 주께서 그를 돌보시나이까(시 8:3-4).

시편은 모든 것을 만드신 하나님이 피조물인 인간에게 이름을 지어 주시고 그들을 사랑하신다는 것을 기쁨으로 노래한다. 우리의 삶은 초월을 만나고 있으며, 그곳에서 하나님은 자신이 창조하신 피조물들과 관계하신다.

우리는 이 세상과 우리 자신을 이해하게 해주는 위대한 이야기가 필요하다. 그 이야기는 우리를 실재로 강력하게 끌어 주기 위해 다양한 이야기와 지도를 자연스럽게 엮어 준다. 한 가지 연구 전통만으로 이해하고 거하기에는 실재가 매우 복잡하다. 우리가 의미 있고 진정성 있게 거하길 원한다면, 실재에 대해 고안해 낼 수 있는 최고 그림이 필요하다. 내 경우에는 기독교 신앙의 위대한 비전을 통해 실재에 대한 바로 그 그림을 소개받았다. 우리는 우리의 삶과 세상 모두에서, 기독교 제자도의 중심에 서서 성찰하며 거하는 과정에서 이 비전에 거하고 이 비전을 실천하도록 초대받은 것이다.

12장 어둠 가운데 있는 소망*

특별한 행사를 치르면서 특정 사건의 의미를 깊이 생각해 보는 것은 언제나 좋은 일이다. 옥스퍼드의 머튼 칼리지(Merton College)는 750년 전에 세워졌다. 이는 틀림없이 축하할 일이지만, 동시에 이 일을 축하하는 행사는 심오한 주제들을 숙고하게 만든다. 오래되고 특별한 역사 속에서 이 대학은 빛과 어둠의 시간을 거쳐 왔다. 올해는 또한 모든 사람에게 매우 당연하고 쉬운 전제, 즉 '인간은 본질적으로 합리적이며 선하다'는 전제에 의문을 던진 제1차 세계 대전이 일어난 지 100년째 되는 해이기도 하다. 피로 얼룩진 싸움이 일어난 그 4년은 영국 전체에 그랬듯이 이 대학에도 어둠의 시간이었다. 많은 사람이 이런 어둠의 시간에 우리가 어떻게 계속 살아갈 수 있을지, 우리가 붙들 수 있는 소망이 과연 있는지를 물었다.

---

* 이 장은 머튼 칼리지 창립 750주년을 기념하여 2014년 10월 16일에 머튼 칼리지 채플에서 전한 설교에 기초한 것이다. 나는 1976년부터 1978년까지 머튼 칼리지 수석 연구원이었다.

그 소망의 필요는 여전히 우리 모두에게 중요하다. 우리는 이사야 선지자의 글에서도 그 소망을 읽는다(사 40:1-8). 예루살렘의 백성들은 고향에서 멀리 떨어진 바벨론에 포로로 잡혀 갔다. 그들은 고향으로 돌아갈 수 있을까? 어둠의 시간이었다. 그 어둠 가운데 이사야는 위로와 소망을 선포했다. 하나님은 자신의 백성을 잊지 않으셨다. 그들은 집으로 돌아갈 것이다! 이 소망이 해방을 기다리고 있는 그들을 견디게 해주었다. 그렇다. 그들은 여전히 포로였지만 미래를 향한 소망이 있었다.

우리는 소망이 필요하다. 단순하고 얄팍한 긍정주의가 아니라 어딘가에는 좌절과 절망을 물리치고 승리할 좋은 어떤 것(좋은 어떤 분)이 존재한다는 강력하고 안전한 확신 말이다. 많은 사람이 제1차 세계 대전을 겪으면서 이 소망을 찾았다. 랭커셔 푸실리어(Lancashire Fusiliers)에 있던 한 소위도 그런 사람이었다. 그는 솜 전투(The Battle of Somme, 제1차 세계 대전 중 영국과 프랑스 연합군이 독일군을 상대로 프랑스 솜 강 근처에서 벌인 전투_옮긴이)에 참여했고, 1945년에는 머튼 칼리지의 교수가 되었다. 그의 이름은 J. R. R. 톨킨(Tolkien)이다. 그의 대작 「반지의 제왕」(*The Lord of the Rings*)은 머튼 칼리지에서 머튼 영문학 교수로 재직할 당시에 써서 출간한 책이다.

「반지의 제왕」은 영국 문학의 최고 대작으로 널리 인정받고 있다. 톨킨이 다룬 가장 독특한 주제 중 하나는 악의 실재다. 톨킨은 악에 이름을 붙여서, 모든 것을 존중한다고 주장하는 이 시대의 무미건조하고 부적절한 도덕적 겉모습에 도전하는 것을 우리에게 허락한다. 가까운 친구인 C. S. 루이스와 마찬가지로 톨킨은 우리가 악에 관해 말하고 그것과 싸울 수 있게 해주는 도덕적 단어들을 상실했다고 확신했다.

하지만 톨킨의 대작에서 매우 강력하게 제시된 주제는 그것만이 아니다. 그 작품은 세상을 더 나은 것으로 만드는 과업에서 힘없고 약한 자의 역할을 이야기한다. 프로도 배긴스나 그의 조수인 샘과 같은 호빗족이 중요한 이유도 여기에 있다. 그들은 작지만, 결국 세상을 바꾸는 것은 그들이다. 톨킨은 좌절과 절망으로 보이는 상황에서도 소망의 실체를 확언한다. 「반지의 제왕」 끝부분에서 어둠의 세력이 승리하는 것이 거의 확실해졌을 때 나오는 이 말을 들어 보라.

> 어둠의 바위산 꼭대기 위로 가득 차오르는 구름 속에 숨어 훔쳐보고 있던 샘은 잠시 하얀 별 하나가 반짝이는 것을 보았다. 버려진 땅에서 눈을 들어 위를 보았을 때, 그 아름다움이 그의 심장을 강타했고 다시 희망이 솟아났다. 차갑고 투명한 화살처럼 그 그림자 끝에 그를 관통한 생각은 그저 작고 지나가는 것이었지만, 거기에는 누구도 도달할 수 없는 빛과 지고한 아름다움이 있었다.[1]

포로 생활을 하는 예루살렘 백성을 지켜 준 것은 바로 이런 소망이었다. 독재와 억압 너머에 계신 그들의 하나님이 언젠가 세상을 바꾸실 것이다. 그리고 바로 이 소망(고난과 고통의 이 세상 너머에 있는 무언가가 어느 날 이 세상으로 들어와 세상을 품을 것이라는 생각)이 우리 가운데 많은 사람들을 견디게 해주었다. 이것이 하나님께서 모든 것을 새롭게 하셔서 더는 슬픔도 수고도 죽음도 없는 세상, 즉 신약이 보여 주는 새 예루살렘을 통해 강력하게 표현된 주제다.

「반지의 제왕」이 우리에게 강력하게 전하는 주제가 또 있다. 그 책 결말에 이르면, 악의 승리가 확실해 보인다. 이야기 전체에 어두운 분위기가 감돈다. 그런데 갑자기 모든 것이 변한다. 예기치 않은 사건이 반지를 파괴하여 악의 세력을 물리친다. 톨킨은 이것을 "유카타스트로피"(eucatastrophe, 고난 끝에 찾아오는 행복)라고 불렀다. 유카타스트로피는 좌절의 이야기를 끝내고 선한 쪽으로 방향을 전환시키는, 예기치 않은 사건을 가리킨다.

톨킨에게 절망적인 이야기에 대격변이 일어나는 것을 보여 준 가장 위대한 예는 그리스도의 부활이다. 처음에는 놀라움을, 그 다음에는 소망(신뢰할 만한 사람이나 사건에 근거한 참된 소망)을 가져다 준 극적인 사건! 바로 이것이 우리가 붙들고 살아야 하는 소망, 가장 어두운 때에도 우리로 계속 걸어가게 하며 자라게 하는 소망이다. 하나님 나라를 향한 그리스도인의 소망은 이 위대한 실재의 빛 가운데서 이 땅을 살아가게 하며, 우리의 지평을 넓혀 주고 기대를 상승시킨다. 진정한 신자는 하나님 나라에 집중하기 위해 이 세상을 포기하는 사람이 아니라, 이 세상을 더욱 하나님 나라처럼 만드는 사람이다.

오늘 우리가 읽는 말씀들은 우리를 붙드시고 감동시키시는 신실하신 하나님 안에서 소망의 역할을 확인시킬 것이다. "풀은 마르고 꽃은 시드나 우리 하나님의 말씀은 영원히 서리라"(사 40:8). "빛과 지고한 아름다움"에 대한 샘의 비전처럼, 하나님을 향한 우리의 소망은 결코 빼앗길 수 없다. 머튼 칼리지 750주년을 기념하는 것은 합당한 일이다. 교육을 통해 변화하고 양육하는 비전은 그때와 마찬가지로 오늘날에도 중요하기 때문이다. 그러나 우리를 둘러싼 세상은 변해 왔다. 우리 중 많은 사람이 이전 세대의 낙관주의는 끝났다고 느낀다. 우리는 더 힘든 질문들과 어려운 시기, 그리고 불확실한 미래를 마주하겠지만 낙심하지 말아야 한다. "하나님의 말씀은 영원히 서리라." 그리고 우리도 그 말씀과 함께 설 것이다.

13장 하나님 나라에 대한 소망*

기독교 신앙은 종종 이 세상을 거쳐 새 예루살렘으로 가는 여정에 비유된다. 여행을 하면서 우리는 종종 앞서 여행한 사람들을 뒤돌아본다. 그들은 우리의 신앙 여정을 도와준다. C. S. 루이스는 1930년부터 50년 전 이달에 숨이 멎을 때까지 옥스퍼드에 있는 이곳에서 예배했다. 그는 당대에 인기 있는 작가 중 한 사람이었지만, 이 회중에 속한 평범한 교인인 것을 행복해했다. 지금 이곳에 있는 사람들 가운데에는 주일마다 그의 형 워런과 함께 같은 자리에 앉아 있던 그를 개인적으로 기억하는 사람이 있을지도 모른다.

하지만 어떤 사람들은 책을 통해서만 루이스를 알 것이다. 그런데 흥미롭게도 루이스는 책을 통해 기억되기를 더 바란 것 같다. 1930년대에 루이스는 작가란 "나를 보라!"고 말하는 거울(a spectacle)

---

* 이 장은 C. S. 루이스 사후 50주년을 추모하여 2013년 11월 17일에 옥스퍼드에 있는 헤딩턴 성 삼위 교회에서 전한 설교에 기초한 것이다.

이 아니라 "나를 통해서 보라!"고 말하는 안경(a pair of spectacles)과 같다고 했다. 루이스는 우리에게 세상과 자신을 볼 수 있는 법을 소개하여 마음과 영혼을 깊이 만족시킬 수 있다는 것을 증명했다. 가장 인상적인 한 인용구에서 그는 기독교에 대한 자신의 신앙은 실재를 조명하는 기독교의 능력에서 비롯된다고 말한다. "나는 태양이 떠오른 것을 믿는 것처럼 기독교를 믿는다. 단순히 내가 그것을 보기 때문이 아니라 태양에 의해 다른 모든 것을 보기 때문이다."[1]

루이스는 기독교 신앙이 사물을 볼 수 있도록 초점을 맞추어 주는 렌즈와 같다는 사실을 발견했다. 이는 마치 불을 켜서 처음으로 사물을 똑바로 보는 것과 같다. 태양이 떠올라 어두운 풍경을 밝히는 이 강력한 이미지는 그로 하여금 기독교가 사물을 이해하게 해준다는(심지어 젊을 때 그가 신봉한 무신론보다 훨씬 잘 이해하게 해준다는) 기본적인 확신에 사로잡히게 만들었다. 그런 그에게 아주 의미 있게 다가온 한 가지 주제가 하나님 나라에 대한 소망이다.

그 이전의 많은 기독교 작가들처럼 루이스도 하나님 나라에 대한 소망이 세상을 진정한 관점으로 보게 해준다고 선언한다. 이생은 더 위대한 실재를 준비하는 곳이다. 루이스가 말한 대로 이생은 "위대한 이야기"의 표지이자 속표지이며, 그 안에 있는 모든 장(chapter)은 앞선 장보다 늘 더 낫다.

루이스에게 이 세상은 하나님의 세상으로, 가치 있으며 감사하고 즐거워해야 하는 곳이다. 그럼에도 이곳은 우리의 본향이 아니라는 실마리로 가득하다. 그 실마리들은 경계 너머에 더 좋은 세상이 있고, 더 좋은 그곳에 들어가 거할 수 있다는 희망을 품게 만든다. 루이스는 이생의 즐거움과 기쁨, 목적을 인정한다. 그러나 그럼에도 그는 마침내 끝에 이르렀을 때 더 나은 것이 우리를 기다리고 있음을 깨달아야 한다고 요청한다. 루이스는 세속적인 세상은 사람들에게 소망 없는 결국으로 이끈다고 믿었다. 그래서 그들이 기독교 신앙의 영원한 소망을 붙들고 그 빛 안에서 살 수 있기를 바랐다.

이 말은 루이스가 이 세상을 전혀 가치 없는 곳으로 간주하며 세상을 부인하는 작가였다는 뜻일까? 그렇지 않다. 루이스는 하나님 나라에 주목하는 것이 세상이나 이 땅의 관심을 소홀히 하는 것은 아니라는 것을 분명히 알았다. 오히려 그것은 위대한 실재의 빛 가운데 이 땅을 살아가게 해서 우리의 지평을 넓히고 우리의 기대를 높이는 것이었다. 우리는 이 땅을 천국의 향기로 차오르게 해야 한다. 진정한 신자는 하나님 나라에 집중하기 위해 이 세상을 포기하는 사람이 아니다. 이 세상을 더욱 하나님 나라처럼 만드는 사람이다. 루이스가 "이 땅에서 최선을 다하는 그리스도인은 다음에 올 것을 가장 많이 생각하는 사람이다"[2]라고 한 말은 확실히 옳다.

루이스를 기억하기 위해 뒤를 돌아볼 때는 우리도 루이스처럼 하나님 나라를 고대하며 앞도 바라보자. 루이스가 한 번 언급한 대로 "진정한 나라를 향한 열망이 내 안에 계속해서 살아 있게 해야 한다."[3] 「나니아 연대기」 마지막에 나오는 이야기인 「마지막 전투」(Last Battle) 15장 어딘가에 나오는 문장이 이 점을 특히 잘 보여 준다. 마침내 새 나니아를 보면서 유니콘 주얼리가 말한다. "드디어 고향에 왔습니다! 이곳이 진정한 내 땅입니다! 이곳은 내 고향입니다. 지금까지는 모르고 지냈지만 평생 동안 우리가 찾던 땅입니다." 루이스에게 기독교의 소망은 우리가 진정으로 속한 고향으로 돌아가는 것이다.

루이스는 흥을 깨는 사람이 아니다. 그는 우리가 이 땅에서 경험하는 욕망을 부인하지 않으며, 그 욕망이 악하거나 인생의 참된 일에 방해가 된다고 하지도 않는다. 그가 말하려는 것은 이 세상의 쾌락만으로는 우리의 욕망이 채워질 수 없으며, 결코 그것으로 채우려 해서도 안 된다는 사실이다. 우리의 욕망은 '더 높은 곳, 더 깊은 곳'에 있는 무언가를 나타내는 '좋은 이미지'이자 표지판이다. 그 욕망들은 하나님의 임재 앞에서 발견하게 될 만족의 참된 근원을 미리 맛보여 주는 것이다. 루이스에게 하나님 나라는 원래 우리가 거하도록 창조된 '다른 나라'다. "우리는 그 다른 나라를 향해 앞으로 나가는 것과, 다른 사람도 그렇게 할 수 있도록 돕는 것을 인생의 가장 중요한 목표로 삼아야 한다"[4]고 루이스는 주장한다.

신약 성경에 깊이 뿌리내리고 있는 하나님 나라에 관한 이 비전은 특히 루이스의 생애 말기에 그에게 소망을 가져다주었다. 루이스는 기독교의 소망이 일종의 "도피주의나 희망사항의 형태가 아니라 영원한 세계를 지속적으로 바라보는 것"[5]이라고 강력하게 주장했다. 소망은 우리의 복음서가 "하늘로부터 내려온 살아 있는 떡"(요 6:51)이라고 선언한 예수 그리스도를 신뢰하여 참된 빛 안에서 이 세상을 보고, 끝내는 하나님 나라로 귀향할 것을 고대하는 안정된 마음 상태다. 루이스는 틀림없이 3세기 북아프리카에서 믿음 때문에 순교당한 카르타고의 키프리아누스(Cyprian of Carthage)가 한 유명한 말을 염두에 두었을 것이다. "낙원이 우리의 본향이다." 참된 본향으로 돌아간다는 루이스의 사상은 키프리아누스의 소망을 공유하고 있다. 그리고 그는 우리도 그 소망을 공유하길 바랄 것이다.

주

서론

1. Edward O. Wilson, *Consilience: The Unity of Knowledge*. New York: Vintage, 1999, 294쪽.
2. John Dewey, *The Quest for Certainty*. New York: Capricorn Books, 1960(『확실성의 탐구』, 백록), 255쪽.
3. Alister McGrath, *Mere Theology: Christian Faith and the Discipleship of the Mind*. London: SPCK, 2010(『삶을 위한 신학』, IVP).
4. 루이스와의 개인적인 관계를 조금 더 보기 원한다면, 특별히 Alister E. McGrath, *C. S. Lewis - A Life: Eccentric Genius, Reluctant Prophet*. London: Hodder&Stoughton, 2013(『C. S. 루이스』, 복있는사람), *The Intellectual World of C. S. Lewis*. Oxford: Wiley-Blackwell, 2013을 보라.
5. C. S. Lewis, 'Is Theology Poetry?', in *C. S. Lewis: Essay Collection and Other Short Pieces*, edited by Lesley Walmsley, 1-1. London: Collins, 2000, 21쪽에서 인용.
6. José Ortega y Gasset, 'Ideas y creencias', in *Obras Completas*, 10 vols. Madrid: Fundación José Ortega y Gasset, 2005-6, vol. 5, 661쪽.
7. Ortega, 'Ideas y creencias', 665쪽. 여기서 오르테가는 사도행전 17장 28절을 명확하게 암시하고 있다.
8. Ludwig Wittgenstein, *Culture and Value*. Oxford: Blackwell, 1994, 73쪽.
9. 디트리히 본회퍼의 다음 두 고전을 보라. *Life Together*. London: SCM Press, 2015, *The Cost of Discipleship*. London: SCM Press, 2015.
10. Darren Webb, 'Modes of Hoping'. *History of the Human Sciences* 20, 3(2007): 65-83쪽, 'Pedagogies of Hope'. *Studies in Philosophy and Education* 32(2013): 397-414쪽을 보라.
11. John Macmurray, *Persons in Relation*. London: Faber and Faber, 1961, 171쪽.

1장 주님은 나의 빛_ 지성의 제자도에 관하여

1. 이 주제를 탁월하게 설명한 내용에 대해서는 다음을 보라. John R. W. Stott, *Your Mind Matters: The Place of the Mind in the Christian Life*, Leicester: Inter-Varsity

Press, 1973(『생각하는 그리스도인』, IVP), James W. Sire, *Habits of the Mind: Intellectual Life as a Christian Calling*, Downers Grove, IL: InterVarsity Press, 2000(『지식건축법』, IVP).

2 영어로 '세계관'이라고 번역된 독일어 Weltanschauung은 '세상에 대한 인식'(perception of the world)이라는 뜻이다. 이에 대해서는 Paul G. Hiebert, *Transforming Worldviews: An Anthropological Understanding of How People Change*, Grand Rapids, MI: Baker Academic, 2008(『21세기 선교와 세계관의 변화』, 복있는사람)을 보라.

3 Hans Blumenberg, 'Light as a Metaphor for Truth: At the Preliminary Stage of Philosophical Concept Formation', in *Modernity and the Hegemony of Vision*, edited by David Michael Levin. Berkeley, CA: University of California Press, 1993(『모더니티와 시각의 헤게모니』, 시각과언어), 30-62쪽을 보라.

4 Harry Blamires, *The Christian Mind: How Should a Christian Think?* London: SPCK, 1963.

5 예를 들면, Alister McGrath and Joanna Collicutt McGrath, *The Dawkins Delusion? Atheist Fundamentalism and the Denial of the Divine*. London: SPCK, 2007(『도킨스의 망상』, 살림)을 보라.

6 Bertrand Russell, *A History of Western Philosophy*, 2판, London: George Allen & Unwin, 1961, xiv.

7 러셀은 여러 곳에서 자신을 신에 관한 의문을 증명할 수 없는 불가지론자라고 규정하였다. 특히 Bertrand Russell, *Essays in Skepticism*. New York: Philosophical Library, 1963, 83-4쪽, *Bertrand Russell Speaks his Mind*. London: Barker, 1960, 20쪽을 보라. 하지만 러셀은 그 용어가 지닌 무비판적이고 대중적인 의미에서 무신론자로 불릴 준비도 되어 있었다.

8 Austin Farrer, 'The Christian Apologist', in *Light on C. S. Lewis*, edited by Jocelyn Gibb. London: Geoffrey Bles, 1965, 23-43쪽; 26쪽에서 인용.

9 지적, 문화적 질문들에 적절하게 대응하는 데 복음주의가 실패한 것을 예리하게 비판한 내용으로 Mark A. Noll, *The Scandal of the Evangelical Mind*. Grand Rapids, MI: Eerdmans, 1994(『복음주의 지성의 스캔들』, IVP)를 보라.

10 특히 Walter Schmithals, *The Theology of the First Christians*. Louisville, KY: Westminster John Knox Press, 1997, 122-3, 146-51쪽을 보라. 더불어 Raymond Pickett, *The Cross in Corinth: The Social Significance of the Death of Jesus*. Sheffield:

Sheffield Academic Press, 1997, 213-16; Edward Adams and David G. Horrell, eds, *Christianity at Corinth: The Quest for the Pauline Church*. Louisville, KY: Westminster John Knox Press, 2004를 보라.

11　Mark McIntosh, 'Faith, Reason and the Mind of Christ', in *Reason and the Reasons of Faith*, edited by Paul J. Griffiths and Reinhart Hütter. New York: T&T Clark, 2005, 119-42쪽.

12　이것은 레슬리 뉴비긴의 *Foolishness to Greeks: The Gospel and Western Culture*, Grand Rapids, MI: Eerdmans, 1986(「헬라인에게는 미련한 것이요」, IVP)에 나오는 주요 주제다.

13　C. S. Lewis, 'Is Theology Poetry?', *C. S. Lewis: Essay Collection and Other Short Pieces*, edited by Lesley Walmsley. London: Collins, 2000, 1-21쪽; 21쪽에서 인용.

14　Augustine of Hippo, *Confessions* IV.xv.25. 이 사상에 대한 유용한 이야기는 Mary T. Clark, *Augustine*. London: Continuum, 2005, 13-15쪽에서 찾아볼 수 있다.

15　이 개념의 발전을 살펴보려면 Steven Marrone, *The Light of Thy Countenance: Science and Knowledge of God in the Thirteenth Century*. Leiden: Brill, 2001을 보라.

16　Henry Miller, *On Writing*. New York: New Directions, 1964, 37쪽.

17　이 송가는 초서의 *Legend of Good Women*: see *The Complete Works of Geoffrey Chaucer*, 9 vols, edited by Walter W. Skeat, vol. 3. Oxford: Clarendon Press, 1900, 58-76쪽 서문에서 볼 수 있다.

18　Michael Lackey, '"God's Grandeur": Gerard Manley Hopkins' Reply to the Speculative Atheist'. *Victorian Poetry* 39(2001): 83-90쪽.

19　John Polkinghorne, *Science and Christian Belief*. London: SPCK, 1994에서 강조한 점이다.

20　Paul Davies, *The Mind of God: Science and the Search for Ultimate Meaning*. London: Penguin, 1992, 77쪽.

21　Albert Einstein, 'Physics and Reality'(1936); in *Ideas and Opinions*. New York: Bonanza, 1954, 292쪽.

22　John Polkinghorne, *Science and Creation: The Search for Understanding*. London: SPCK, 1988, 20-1쪽. 더 최근 것으로는 John C. Polkinghorne, 'Physics and Metaphysics in a Trinitarian Perspective'. *Theology and Science* 1(2003): 33-49쪽을 보라.

23　Robin Collins, 'A Scientific Argument for the Existence of God: The Fine-Tuning Design Argument', in *Reason for the Hope Within*, edited by Michael J. Murray.

Grand Rapids, MI: Eerdmans, 1999, 47-75쪽.
24 예를 들면, Rodney D. Holder, *God, the Multiverse, and Everything: Modern Cosmology and the Argument from Design*. Aldershot: Ashgate, 2004.
25 Alister E. McGrath, *A Fine-Tuned Universe: The Quest for God in Science and Theology*. Louisville, KY: Westminster John Knox Press, 2009(「정교하게 조율된 우주」, IVP).
26 Terry Eagleton, *Reason, Faith, and Revolution: Reflections on the God Debate*. New Haven, CT: Yale University Press, 2009, 28쪽.
27 Eagleton, *Reason, Faith, and Revolution*, 87-9쪽.
28 Margaret Archer, Andrew Collier and Douglas V. Porpora, *Transcendence: Critical Realism and God*. London: Routledge, 2004, 12-13쪽에 있는 비판적 분석을 보라.

2장 믿음_ 신앙생활에서 신조의 위치

1 이 장에 제시한 생각들은 나의 여러 책, 특히 Alister McGrath, *Faith and the Creeds*, London: SPCK, 2013(「믿음이란 무엇인가」, 성서유니온선교회), Alister McGrath, *The Landscape of Faith: An Explorer' Guide to the Christian Creeds*, London: SPCK, 2018(「믿음을 찾아서」, 두란노)에도 소개되어 있다.
2 Letter to Edward Sackville-West, *Eddy: The Life of Edward Sackville-West*, Michael de-la-Noy. London: Bodley Head, 1988, 237쪽에서 인용.
3 Henry Miller, *Big Sur and The Oranges of Hieronymus Bosch*. New York: New Directions, 1957, 25쪽.
4 John M. Russell, *From Nineveh to New York: The Strange Story of the Assyrian Reliefs in the Metropolitan Museum and the Hidden Masterpiece at Canford School*. New Haven, CT: Yale University Press, 1997.
5 Ludwig Wittgenstein, *Culture and Value*. Oxford: Blackwell, 1994, 73쪽.
6 Ludwig Wittgenstein, *Philosophical Investigations*. Oxford: Blackwell, 2001(「철학적 탐구」, 책세상), §610.
7 John of Salisbury, *Metalogicon*, iii, 4.
8 'The Elixir', in *The Works of George Herbert*, F. E. Hutchinson. Oxford: Oxford University Press, 1941, 184쪽.

3장 기독교 지성의 습관들_ 신앙 공동체와 개인적 성장

1. C. S. Lewis, *Mere Christianity*. London: HarperCollins, 2002(『순전한 기독교』, 홍성사), 165쪽.
2. *Repentance in Christian Theology*, edited by Mark J. Boda and Gordon T. Smith. Collegeville, MN: Liturgical Press, 2006에 풍성한 자료가 있다.
3. 이 비유를 좀 더 발전시킨 것을 보기 원한다면, *The Landscape of Faith: An Explorer' Guide to the Christian Faith*, Alister McGrath. London: SPCK, 2018(『믿음을 찾아서』, 두란노)을 보라.
4. Mary Healy, 'Knowledge of the Mystery: A Study of Pauline Epistemology', in *The Bible and Epistemology: Biblical Soundings on the Knowledge of God*, edited by Mary Healy and Robin Parry. Milton Keynes: Paternoster, 2007, 134-58쪽.
5. Augustine of Hippo, *Sermo* LXXXVIII.v.5.
6. Rowan Williams, 'Teaching the Truth', in *Living Tradition: Affirming Catholicism in the Anglican Church*, edited by Jeffrey John. London: DLT, 1991, 29-43쪽; 41쪽에서 인용.
7. Stanley Hauerwas, *Vision and Virtue: Essays in Christian Ethical Reflection*. Notre Dame, IN: University of Notre Dame Press, 1974를 보라.
8. Stanley Hauerwas, 'The Demands of a Truthful Story: Ethics and the Pastoral Task'. *Chicago Studies* 21, 1(1982): 59-71쪽; 65-6쪽에서 인용.
9. Jennifer A. Herdt, 'Alasdair MacIntyre's "Rationality of Traditions" and Tradition-Transcendental Standards of Justification'. *Journal of Religion* 78, 4(1998): 524-46쪽; Jean Porter, 'Tradition in the Recent Work of Alasdair MacIntyre', in *Alasdair MacIntyre*, edited by Mark C. Murphy. Cambridge: Cambridge University Press, 2003, 38-69쪽.
10. Stanley Hauerwas, *The Peaceable Kingdom: A Primer in Christian Ethics*. Notre Dame, IN: University of Notre Dame Press, 1983, 101-2쪽. 폴리스(*polis*, 도시 국가)에 대한 전통적인 생각은 하우어워스의 접근을 발전시키는 선명한 방법을 제공한다. Arne Rasmusson, *The Church as Polis: From Political Theology to Theological Politics as Exemplified by Jürgen Moltmann and Stanley Hauerwas*. Lund: Lund University Press, 1994를 보라. 하우어워스는 나중에 이 점을 좀 더 발전시켰다. Stanley Hauerwas, *In Good Company: The Church as Polis*. Notre Dame, IN: University of Notre Dame Press, 1995.

11 Austin Farrer, *The End of Man*. London: SPCK, 1973, 52쪽.
12 여기서 나는 교회의 선교에 대한 레슬리 뉴비긴의 이해를 상기시키고 있다. Lesslie Newbigin, *A Word in Season: Perspectives on Christian Mission*. Grand Rapids, MI: Eerdmans, 1994, 33쪽.
13 Stanley Fish, *Is There a Text in This Class? The Authority of Interpretive Communities*. Cambridge, MA: Harvard University Press, 1980, 147-74쪽.
14 Fish, *Is There a Text*, 141쪽.
15 이 구의 문맥에 대해서는 Rowan Williams, *Resurrection: Interpreting the Easter Gospel*, 2판, London: Darton, Longman & Todd, 2002, 61-2쪽을 보라.
16 Charles Taylor, *Modern Social Imaginaries*. Durham, NC: Duke University Press, 2002(「근대의 사회적 상상」, 이음), 23쪽.
17 특히 Alister E. McGrath, *Re-Imagining Nature: The Promise of Christian Natural Theology*. Oxford: Wiley-Blackwell, 2016을 보라.
18 William Whewell, *The Philosophy of the Inductive Sciences*, 2 vols. London: Parker, 1847, vol. 1, 1쪽.
19 N. R. Hanson, *Patterns of Discovery: An Inquiry into the Conceptual Foundations of Science*. Cambridge: Cambridge University Press, 1961.
20 Andrew Louth, 'Theology, Contemplation, and the University'. *Studia Theologica* 1, 2(2003): 64-73쪽; 66쪽에서 인용.
21 헤어의 개인 회상들은 이 주제를 다루는 데 많은 교훈을 준다. Richard M. Hare, 'A Philosophical Autobiography'. *Utilitas* 14, 3(2002): 269-305쪽.
22 Iris Murdoch, 'The Darkness of Practical Reason', in Peter Conradi, ed., *Existentialists and Mystics*, 193-202쪽. London: Chatto, 1998; 198쪽에서 인용.
23 나는 이 구절을 케네스 커크가 1949년에 찰스 고어 기념 재단에서 한 강좌에서 가져왔다. Kenneth E. Kirk, *The Coherence of Christian Doctrine*. London: SPCK, 1950, 1쪽을 보라. 커크는 이 점이 찰스 고어의 덕이라고 한다.
24 나는 여기서 아우구스티누스의 *de doctrina Chirstiana* 앞부분에 나오는 중요한 주제들을 취했는데, 가장 주목할 것은 *modus inveniendi*(이해해야 할 것을 발견하다)와 *modus proferendi*(이해해야 할 것을 소통하다)에 관한 것이다.
25 '타당성 구조'(plausibility structure)의 중요한 사회학적 개념을 살펴보려면 Peter L. Berger, *A Far Glory: The Quest for Faith in an Age of Credulity*. New York: Free Press, 1992, 125-6쪽을 보라.

26 게하르트 에벨링(Gerhard Eberling, 1912-2001)은 기독교 전통이 "경험의 새로운 경험"을 어떻게 가능하게 하는지를 지적한 신학자다. "신학에서 경험의 결핍"(*Erfahrungsdeficit in der Theologie*)에 대한 그의 항거는 주목받을 만하다. Gerhard Ebeling, 'Schrift und Erfahrung als Quelle theologischer Aussagen'. *Zeitschrift für Theologie und Kirche* 75, 1(1978): 99-116쪽.
27 Rowan Williams, *On Christian Theology*. Oxford: Blackwell, 2000, 31쪽.
28 나사렛 예수의 비유에 대한 접근을 살펴보려면 Marcus J. Borg, *Meeting Jesus Again for the First Time: The Historical Jesus and the Heart of Contemporary Faith*. San Francisco: HarperOne, 1994, 74쪽을 보라.
29 Richard Dawkins, *A Devil' Chaplain: Selected Writings*. London: Weidenfeld & Nicholson, 2003(「악마의 사도」, 바다출판사), 19쪽.
30 이 개념에 대해서는 Ian James Kidd, 'Receptivity to Mystery: Cultivation, Loss, and Scientism', *European Journal for Philosophy of Religion* 4, 3(2012): 51-68쪽을 보라.
31 뉴먼의 *Grammar of Assent*에 제시된 이 생각은 Anthony W. Keaty, 'Newman's Account of the Real Apprehension of God: The Need for a Subjective Context'. *Downside Review* 114, 394(1996): 1-18쪽에 유용하게 설명되었다.

4장 세상을 보는 또 다른 눈_ 책, 그리고 지성의 제자도

1 Francis Bacon, *Aphorisms and Apothegms*. London: Scott, 1894, 204쪽.
2 Marcel Proust, *La prisonnière*. Paris: Gallimard, 1925, 69쪽; 저자 번역.
3 C. S. Lewis, *An Experiment in Criticism*. Cambridge: Cambridge University Press, 1992(「오독」, 홍성사), 137, 140-41쪽.
4 C. S. Lewis, *Surprised by Joy*. London: HarperCollins, 2002(「예기치 못한 기쁨」, 홍성사), 249쪽.
5 Lewis, *Surprised by Joy*(「예기치 못한 기쁨」, 홍성사), 221-2쪽.
6 Bertrand Russell, *A History of Western Philosophy*. London: George Allen & Unwin, 1946, xiv.
7 C. S. Lewis, 'On the Reading of Old Books', in *Essay Collection and Other Short Pieces*, edited by Lesley Walmsley. London: HarperCollins, 2002, 440쪽.
8 Lewis, *Surprised by Joy*(「예기치 못한 기쁨」, 홍성사), 197쪽.
9 Alister McGrath, *Emil Brunner: A Reappraisal*. Oxford: Wiley-Blackwell, 2016.

10 Pek van Andel and Danièle Bourcier, *De la serendipité dans la science, la technique, l'art et le droit: Leçons de l'inattendu*. Paris: Hermann, 2013, 293쪽.

5장 발코니와 길_기독교 제자도를 이해하기 위한 틀

1 William Temple, Opening speech at the Second World Conference on Faith and Order, Edinburgh, 1937; 〈https://nanopdf.com/download/william-temple-the-moravian-church_pdf#〉, 2018년 5월 18일 접속; 4쪽에서 인용.
2 Søren Kierkegaard, *Concluding Unscientific Postscript*, translated by David F. Swenson. Princeton, NJ: Princeton University Press, 1941, 182쪽.
3 John A. Mackay, *A Preface to Christian Theology*. London: Nisbet, 1941, 3쪽. 나는 Alister McGrath, *The Landscape of Faith: An Explorer' Guide to the Christian Faith*. London: SPCK, 2018(「믿음을 찾아서」, 두란노), 42-4쪽과 같은 내 다른 저서들에 맥케이의 접근법을 적용하였다.
4 Mackay, *A Preface to Christian Theology*, 20쪽.
5 Mackay, *A Preface to Christian Theology*, 29-4쪽.
6 예를 들면, John A. Mackay, *The Other Spanish Christ: A Study in the Spiritual History of Spain and South America*. New York: Macmillan, 1932를 보라. 맥케이의 전기를 살펴보려면, John Mackay Metzger, *The Hand and the Road: The Life and Times of John A. Mackay*. Louisville, KY: Westminster John Knox Press, 2010을 보라.
7 Mackay, *A Preface to Christian Theology*, 29쪽.
8 Mackay, *A Preface to Christian Theology*, 30쪽.
9 Mackay, *A Preface to Christian Theology*, 30쪽.
10 Mackay, *A Preface to Christian Theology*, 45쪽.
11 원래 제목은 'Suite du quatrième livre de l'Odyssée d'Homère ou les avantures de Télémaque fils d'Ulysse'였다.
12 이것은 C. A. Coulson, *Science and Christian Belief*. London: Oxford University Press, 1955, 97-102쪽에 정리되어 있다.
13 Abraham Pais, *J. Robert Oppenheimer: A Life*. Oxford: Oxford University Press, 2006, 90쪽.
14 쿨슨에 대한 나의 생각을 살펴보려면, Alister McGrath, *Enriching our Vision of*

Reality: Theology and the Natural Sciences in Dialogue. London: SPCK, 2016, 27-41쪽을 보라.

15 이미 Coulson, *Science and Christian Belief*은 언급했고, 내게 도움을 준 다른 두 책은 Charles A. Coulson, *Christianity in an Age of Science*. London: Oxford University Press, 1953과 C. A. Coulson, *Science and the Idea of God*. London: Epworth Press, 1960이다.

16 Mackay, *A Preface to Christian Theology*, 183쪽.

6장 도로시 세이어즈_ 창의적 지성으로 세상을 이해하다

1 Peter R. Dear, *The Intelligibility of Nature: How Science Makes Sense of the World*. Chicago: University of Chicago Press, 2008, 173쪽.

2 Keith Yandell, *Philosophy of Religion: A Contemporary Introduction*. London: Routledge, 1999, 16쪽.

3 Robert A. Emmons, *The Psychology of Ultimate Concerns: Motivation and Spirituality in Personality*. New York: Guilford Press, 1999.

4 Dariusz Krok, 'The Role of Meaning in Life Within the Relations of Religious Coping and Psychological Well-Being'. *Journal of Religion and Health* 54, 6(2015): 2292-308쪽.

5 Alexander Wood, *In Pursuit of Truth: A Comparative Study in Science and Religion*. London: Student Christian Movement, 1927, 102쪽.

6 Charles S. Peirce, *Collected Papers*, 8 vols, Charles Hartshorne and Paul Weiss, eds. Cambridge, MA: Harvard University Press, 1960, vol. 5, 172쪽.

7 Daniel J. McKaughan, 'From Ugly Duckling to Swan: C. S. Peirce, Abduction, and the Pursuit of Scientific Theories'. *Transactions of the Charles S. Peirce Society* 44, 3(2008): 446-68쪽.

8 Gerhard Schurz, 'Patterns of Abduction'. *Synthese*, 164, 2(2008): 201-34쪽, 특히 205쪽.

9 Claudio Rapezzi, Roberto Ferrari and Angelo Branzi, 'White Coats and Fingerprints: Diagnostic Reasoning in Medicine and Investigative Methods of Fictional Detectives'. *British Medical Journal* 331(2005): 1491-4쪽.

10 Dorothy L. Sayers, *Les Origines du Roman Policier: A Wartime Wireless Talk to the French*, with translation by Suzanne Bray. Hurstpierpoint: Dorothy L. Sayers

Society, 2003, 14쪽.
11 William Whewell, *The Philosophy of the Inductive Sciences*, 2 vols. London: John W. Parker, 1847, vol. 2, 36쪽.
12 Dorothy L. Sayers, *The Unpleasantness at the Bellona Club*. London: Hodder & Stoughton, 1968(「베로나 클럽의 변고」, 퍼플), 155쪽.
13 세이어즈는 이 점에 대해 자신을 잘 변호하고 있다. Dorothy L. Sayers, 'Aristotle on Detective Fiction'. *English: Journal of the English Association* 1, 1(1936): 23-35쪽을 보라.
14 Raymond Chandler, 'The Simple Art of Murder'. *Atlantic Monthly*, December 1944, 53-9쪽.
15 Dorothy L. Sayers, *The Mind of the Maker*. London: Methuen, 1941(「창조자의 정신」, IVP), 145-74쪽, 특히 150-1쪽.
16 Catherine M. Kenney, '*The Nine Tailors* and the Riddle of the Universe' and '*Gaudy Night* and the Mysteries of the Human Heart', in *The Remarkable Case of Dorothy L. Sayers*, 53-80, 81-119쪽. Kent, OH: Kent State University Press, 1990.
17 Barbara Reynolds, ed., *The Letters of Dorothy L. Sayers: Child and Woman of Her Time*. Hurstpierpoint: Dorothy L. Sayers Society, 2002, 97쪽.
18 Sayers, *The Mind of the Maker*(「창조자의 정신」), 171-3쪽.
19 Sayers, *The Mind of the Maker*(「창조자의 정신」), 15-24쪽.
20 Sayers, *The Mind of the Maker*(「창조자의 정신」), 172-3쪽.
21 Ludwig Wittgenstein, *Notebooks, 1914-1916*. New York: Harper, 1961, 75쪽.
22 M. Neil Browne and Stuart M. Keeley, *Asking the Right Questions: A Guide to Critical Thinking*, 8판, Upper Saddle River, NJ: Pearson Prentice Hall, 2007, 196쪽을 보라.
23 특히 Robert J. Louden, *The World We Want: How and Why the Ideals of the Enlightenment Still Elude Us*. Oxford: Oxford University Press, 2007을 보라.
24 Dorothy L. Sayers, *Creed or Chaos?*, London: Methuen, 1947, 33쪽.
25 Sayers, *Creed or Chaos?*, 24쪽.
26 Sayers, *Mind of the Maker*(「창조자의 정신」), 25-36쪽.
27 Dorothy L. Sayers, 'Creative Mind', in *Unpopular Opinions*. New York: Harcourt, Brace, & Co., 1947, 43-58쪽; 49쪽에서 인용.
28 *The Practical Works of Richard Baxter*, 23 vols. London: James Duncan, 1830, vol. 13, 29쪽.

7장 C. S. 루이스_기독교 신앙의 합리성

1. Rowan D. Williams, *The Lion' World: A Journey into the Heart of Narnia*. London: SPCK, 2012.
2. 더 상세한 내용을 살펴보려면 Alister E. McGrath, *C. S. Lewis-A Life: Eccentric Genius, Reluctant Prophet*. London: Hodder&Stoughton, 2013(『C. S. 루이스』, 복있는사람)을 보라.
3. C. S. Lewis, *Surprised by Joy*. London: HarperCollins, 2002(『예기치 못한 기쁨』, 홍성사), 197쪽.
4. Dante, *Paradiso*, canto XXXIII, ll. 55-6쪽, 저자 번역.
5. G. K. Chesterton, *The Everlasting Man*. San Francisco: Ignatius Press, 1993, 105쪽.
6. Austin Farrer, 'The Christian Apologist', in *Light on C. S. Lewis*, edited by Jocelyn Gibb. London: Geoffrey Bles, 1965, 23-43쪽; 37쪽에서 인용.
7. 이야기를 읽고 싶다면 C. S. Lewis, *The Voyage of the Dawn Treader*. London: HarperCollins, 1994, 91-2쪽을 보라.
8. C. S. Lewis, *Surprised by Joy*(『예기치 못한 기쁨』), 267쪽.
9. 상세한 논의를 살펴보려면 Alister E. McGrath, 'A Gleam of Divine Truth: The Concept of Myth in Lewis's Thought', in *The Intellectual World of C. S. Lewis*, 55-82쪽. Oxford: Wiley-Blackwell, 2013을 보라.
10. C. S. Lewis, *Essay Collection and Other Short Pieces*, edited by Lesley Walmsley. London: HarperCollins, 2002, 98쪽.
11. Letter to Colette O'Niel, 23 October 1916, in *The Selected Letters of Bertrand Russell: The Public Years 1914-970*, edited by Nicholas Griffin. London: Routledge, 2001, 85쪽.
12. Katharine Tait, *My Father Bertrand Russell*. New York: Harcourt Brace Jovanovich, 1975, 189쪽.
13. 이어지는 내용을 살펴보려면 C. S. Lewis, *Mere Christianity*. London: HarperCollins, 2002(『순전한 기독교』, 홍성사), 135-6쪽을 보라.
14. 루이스의 변증은 종종 오해받는다. 그의 접근법에 대한 초기 이야기들을 바로잡기 위해서는 Alister E. McGrath, 'Reason, Experience, and Imagination: Lewis's Apologetic Method', in *The Intellectual World of C. S. Lewis*, 129-46쪽을 보라.
15. C. S. Lewis, *The Four Loves*. London: HarperCollins, 2002(『네 가지 사랑』, 홍성사), 25쪽.

16 G. K. Chesterton, 'The Return of the Angels'. *Daily News*, 14 March, 1903.
17 C. S. Lewis, *Mere Christianity*(『순전한 기독교』), 21쪽.
18 C. S. Lewis, *Essay Collection*, 21쪽.

8장 존 스토트_ 복음과 문화에서 들음과 관계의 의미

1 가장 훌륭한 연구는 여전히 Timothy Dudley-Smith, *John Stott: A Biography*, 2 vols. Leicester: Inter-Varsity Press, 1999이다.
2 John Stott, *Christian Mission in the Modern World*. Downers Grove, IL: InterVarsity Press, 2008.
3 나는 1980년부터 1983년까지 노팅엄 윌라튼에 있는 세인트 레오나르드 교회 부목사로 사역했다.
4 John Stott, *The Contemporary Christian: An Urgent Plea for Double Listening*. Leicester: Inter-Varsity Press, 1992(『시대를 사는 그리스도인』, IVP), 13쪽.
5 예를 들면, Anthony C. Thiselton의 영향력 있는 저서 *The Two Horizons: New Testament Hermeneutics and Philosophical Description with Special Reference to Heidegger, Bultmann, Gadamer and Wittgenstein*. Exeter: Paternoster, 1980(『두 지평』, IVP)에서 가다머의 '지평 융합'(*Horizontvershmelzung*) 개념에 관한 논쟁을 보라. 스토트는 이 책을 알고 자주 인용했는데, 그 한 예는 설교자의 임무에 대한 그의 생각에서 볼 수 있다. John R. W. Stott, *I Believe in Preaching*. London: Hodder&Stoughton, 1982(『설교의 능력』, 크리스천다이제스트), 137-8쪽을 보라.
6 Stott, *The Contemporary Christian*(『시대를 사는 그리스도인』), 13쪽.
7 Stott, *Christian Mission in the Modern World*, 64-5쪽.
8 나는 사도행전의 설교들이 유대인, 헬라인, 로마인을 향한 것임을 주의 깊게 보면서, 1997년 2월에 달라스 신학교에서 한 네 번의 W. H. 그리피스 토머스(Griffith Thomas) 강의에서 초기 기독교 변증은 그 대상을 중요하게 생각했다는 것을 다루었다. 이 연재 강의는 'Biblical Models for Apologetics'라는 제목으로 *Bibliotheca Sacra* 155(1998): 3-10, 131-8, 259-65, 387-93쪽에 출간되었다.
9 Stott, *Christian Mission in the Modern World*, 65-6쪽.
10 Stott, *Christian Mission in the Modern World*, 10쪽.
11 이 사고 과정에 관한 내 생각을 살펴보려면 Alister E. McGrath, *Iustitia Dei: A History of the Christian Doctrine of Justification*, 3판, Cambridge: Cambridge

University Press, 2005(『하나님의 칭의론』, 기독교문서선교회)를 보라.
12 세속주의와 스토트의 관계에 관해서는 Alister Chapman, 'Secularisation and the Ministry of John R. W. Stott at All Souls, Langham Place, 1950-970'. *Journal of Ecclesiastical History* 56, 3(2005): 496-513쪽을 보라.
13 Stott, *The Contemporary Christian*(『시대를 사는 그리스도인』), 27-8쪽.
14 Michael Ramsey, *Image Old and New*. London: SPCK, 1963, 14쪽.
15 Stott, *The Contemporary Christian*(『시대를 사는 그리스도인』), 222쪽.
16 Alister Chapman, *Godly Ambition: John Stott and the Evangelical Movement*. Oxford: Oxford University Press, 2012, 116쪽.
17 John Stott, 'Relevant Biblical Teaching: The Art of Double Listening. An interview with John R. W. Stott by Derek Morris'. *Ministry*(January 1997): 8-10쪽; 8쪽에서 인용.
18 Chapman, *Godly Ambition*, 76쪽.
19 John Stott, *Between Two Worlds: The Challenge of Preaching Today*. Grand Rapids, MI: Eerdmans, 1982(『현대 교회와 설교』, 생명의샘), 154쪽.
20 Stott, *Christian Mission in the Modern World*, 67-8쪽.
21 Stott, *Christian Mission in the Modern World*, 68쪽.
22 스토트도 자신의 가장 탁월한 저서인 *The Incomparable Christ*. Leisecster: Inter-Varsity Press, 2001(『비교할 수 없는 그리스도』, IVP)에서 이것을 제목으로 사용하였다. 이 책은 랭함 플레이스 올 소울즈 교회에서 스토트가 한 새천년 강의 네 개를 근거로 한 것이다.
23 예를 들면 Alister McGrath, *The Landscape of Faith: An Explorer' Guide to the Christian Faith*. London: SPCK, 2018(『믿음을 찾아서』, 두란노)을 보라.
24 Emil Brunner, 'Toward a Missionary Theology'. *Christian Century* 66, 27(1949): 816-18쪽; 816쪽에서 인용.

9장. J. I. 패커_ 신학과 영성
1 Alister E. McGrath, *J. I. Packer: A Biography*. Grand Rapids, MI: Baker Book House, 1997.
2 Alister E. McGrath, *C. S. Lewis-A Life. Eccentric Genius, Reluctant Prophet*. London: Hodder&Stoughton, 2013(『C. S. 루이스』, 복있는사람); *Emil Brunner: A Reappraisal*. Chichester: Wiley-Blackwell, 2014.

3   J. I. Packer, 'Keswick and the Reformed Doctrine of Sanctification', review of Steven Barabas, *So Great Salvation: The History and Message of the Keswick Convention. The Evangelical Quarterly* 27(1955): 153-67쪽; 167쪽에서 인용.

4   J. I. Packer, 'The Comfort of Conservatism', in *Power Religion*, edited by Michael Horton. Chicago, IL: Moody, 1992(「능력 종교」, 엠마오), 283-99쪽.

5   J. I. Packer, 'On from Orr: Cultural Crisis, Rational Realism, and Incarnational Ontology'. *Crux* 32, 3(1996): 12-26쪽. 개인적으로 나는 이 글이 패커의 글 중 가장 뛰어나다고 생각한다.

6   J. I. Packer, *Truth and Power: The Place of Scripture in the Christian Life*. Wheaton, IL: Harold Shaw, 1996, 117쪽.

7   더 살펴보려면 Alister McGrath, 'Engaging the Great Tradition: Evangelical Theology and the Role of Tradition', in *Evangelical Futures: A Conversation on Theological Method*, edited by John G. Stackhouse. Grand Rapids, MI: Baker, 2000, 139-58쪽을 보라.

8   C. S. Lewis, *An Experiment in Criticism*. Cambridge: Cambridge University Press, 1992(「오독」, 홍성사), 137, 140-1쪽.

9   J. I. Packer, 'An Introduction to Systematic Spirituality'. *Crux* 26(1990): 2-8쪽; 6쪽에서 인용.

10 J. I. Packer, *Knowing God*. London: Hodder&Stoughton, 1975(「하나님을 아는 지식」, IVP), 41쪽.

11 J. I. Packer, 에이미 앤더슨과의 인터뷰, 〈www.regent-college.edu/about-us/news/2016/ji-packer-still-teaching-and-loving-it〉, 2018년 5월 23일 접속.

10장 진리, 신비와 어둠_ 인간 이해의 한계에 관하여

1   Richard Bernstein, 'Once More Admired Than Bought, A Writer Finally Basks in Success'. *New York Times*, 15 May, 1990, 〈www.nytimes.com/1990/05/15/books/once-more-admired-than-bought-a-writerfinally-basks-in-success.html〉, 2018 5월 29일 접속. 더 살펴보려면 Brian McIlroy, 'Pattern in Chaos: John Banville's Scientific Art'. *Colby Quarterly* 31, 1(1995): 74-80쪽을 보라.

11장 명료성과 일관성_ 실재를 바라보는 기독교적 관점

1. Peter B. Medawar and Jean Medawar, *The Life Science: Current Ideas of Biology*. London: Wildwood House, 1977, 171쪽.
2. José Ortega y Gasset, 'El origen deportivo del estado'. *Citius, Altius, Fortius* 9, 1-4(1967): 259-76쪽; 저자 번역; 259쪽에서 인용.
3. C. S. Lewis, *Essay Collection and Other Short Pieces*, edited by Lesley Walmsley. London: HarperCollins, 2002, 21쪽.
4. John Donne, *The First Anniversarie: An Anatomy of the World*, l. 213, in *The Epithalamions, Anniversaries, and Epicedes*, edited by W. Milgate. Oxford: Clarendon Press, 1978, 28쪽.
5. Virginia Woolf, 'A Sketch of the Past', in *Moments of Being*, edited by Jeanne Schulkind, 2판, New York: Harcourt Brace, 1985, 72쪽.
6. Dante, *Paradiso*, canto XXXIII, ll. 85-90쪽.
7. Hermann Hesse, 'Die Sehnsucht unser Zeit nach einer Weltanschauung'. *Uhu* 2(1926): 3-14쪽.
8. Nancy Cartwright, *The Dappled World: A Study of the Boundaries of Science*. Cambridge: Cambridge University Press, 1999.
9. C. S. Lewis, *Christian Reflections*. Grand Rapids: Eerdmans, 1967(「기독교적 숙고」, 홍성사), 65쪽.
10. Mary Midgley, *The Myths We Live By*. London: Routledge, 2004, 39-40쪽.
11. Mary Midgley, 'Dover Beach'. *The Earth is Our Home: Mary Midgley' Critique and Reconstruction of Evolution and its Meanings*, Nelson Rivera. Exeter: Imprint Academic, 2010, 179쪽 각주21에 인용된 미출간 논문.
12. Mary Midgley, *Wisdom, Information, and Wonder: What Is Knowledge For?* London: Routledge, 1995, 199쪽.
13. As argued by Roy F. Baumeister, *Meanings of Life*. New York: Guilford Press, 1991.
14. Ursula Goodenough, *The Sacred Depths of Nature*. New York: Oxford University Press, 1998, 10쪽.
15. Carl Sagan, *Pale Blue Dot: A Vision of the Human Future in Space*. London: Headline, 1995(「창백한 푸른 점」, 사이언스북스), vi.

12장 어둠 가운데 있는 소망

1 J. R. R. Tolkien, *The Return of the King*. London: George Allen & Unwin, 1966, 199쪽.

13장 하나님 나라에 대한 소망

1 C. S. Lewis, 'Is Theology Poetry?', in *C. S. Lewis: Essay Collection and Other Short Pieces*, edited by Lesley Walmsley. London: Collins, 2000, 1-21쪽; 21쪽에서 인용.
2 C. S. Lewis, *Mere Christianity*. London: HarperCollins, 2002(「순전한 기독교」, 홍성사), 134쪽.
3 C. S. Lewis, *Mere Christianity*(「순전한 기독교」), 137쪽.
4 C. S. Lewis, *Mere Christianity*(「순전한 기독교」), 137쪽.
5 C. S. Lewis, *Mere Christianity*(「순전한 기독교」), 134쪽.

진리와 의미를 찾아 나서는 그리스도인의 길
지성의 제자도

초판 발행   2019년 6월 30일
초판 2쇄   2020년 10월 15일
지은이   알리스터 맥그래스
옮긴이   노진준
발행인   김수억
발행처   죠이선교회(등록 1980. 3. 8. 제5-75호)
주소   02576 서울시 동대문구 왕산로19바길 33
전화   (출판부) 925-0451
              (죠이선교회 본부, 학원사역부, 해외사역부) 929-3652
              (전문사역부) 921-0691
팩스   (02) 923-3016
인쇄소   송현문화
판권소유   ⓒ죠이선교회
ISBN   978-89-421-0420-8   03230

책값은 뒤표지에 있습니다.
잘못된 도서는 교환하여 드립니다.
이 책 내용을 허락 없이 옮겨 사용할 수 없습니다.

이 도서의 국립중앙도서관 출판예정도서목록(CIP)은 서지정보유통지원시스템 홈페이지(http://seoji.nl.go.kr)와 국가자료공동목록시스템(http://www.nl.go.kr/kolisnet)에서 이용하실 수 있습니다.(CIP제어번호: CIP2019021657)